闲聊历代帝后

闲聊女皇武则天

◎赵望晓 著

南京出版社
南京出版传媒集团

图书在版编目(CIP)数据

闲聊女皇武则天 / 赵望晓著. — 南京 : 南京出版社，2013.9

(闲聊历代帝王系列)

ISBN 978-7-5533-0264-5

Ⅰ.①闲… Ⅱ.①赵… Ⅲ.①武则天(624～705)—生平事迹—通俗读物 Ⅳ.①K827=42

中国版本图书馆 CIP 数据核字（2013）第 133164 号

书　　名:闲聊女皇武则天
著　　者:赵望晓
出版发行:南京出版传媒集团
南　京　出　版　社
社址:南京市老虎桥 18-1 号　　邮编:210018
网址:http://www.njcbs.com　　淘宝网店:http://njpress.taobao.com
电子信箱:njcbs1988@163.com
联系电话:025-83283871、83283864(营销)　025-83283883(编务)

出 版 人:朱同芳
责任编辑:程　瑶　赵育春
装帧设计:周　勇
责任印制:杨福彬

排　　版:南京南琳图文制作有限公司
印　　刷:南京工大印务有限公司
开　　本:787 毫米×1092 毫米 1/16
印　　张:11
字　　数:175 千
版　　次:2013 年 9 月第 1 版
印　　次:2013 年 9 月第 1 次印刷
书　　号:ISBN 978-7-5533-0264-5
定　　价:26.00 元

营销分类:文学历史

序言

赵望晓

武则天(624～705年),是中国历史上唯一一个由皇帝正式加尊号“则天大圣皇帝”的女皇帝。但在《旧唐书》和《新唐书》本纪的记载中,既没用“圣母神皇”,也没用“则天大圣皇帝”的尊号,而是以“则天皇后”的尊号来记载武则天。这似乎有点不公平。

中国第一位女皇帝并不是武则天。唐高宗永徽四年(653年)十月,民间女子陈硕真举兵反唐,自称文佳皇帝,比武则天称帝(690年)早了37年。著名历史学家翦伯赞称之为“中国历史上第一位女皇帝”。

武则天是唐朝开国功臣武士彟(yuē)次女,母亲杨氏。唐太宗贞观十一年(637年),武则天14岁,李世民听说她貌美,召入后宫,册封为才人(正五品),赐号“武媚”。贞观二十三年(649年)五月二十六日,李世民驾崩,皇太子李治继位。26岁的武则天被送到感业寺削发为尼,为先帝祈福。大约在唐高宗永徽三年(652年),太宗李世民忌日,李治临寺焚香,将29岁的武则天召回宫里,封为昭仪(正二品)。永徽五年(654年),31岁的武则天生下长女,亲手将其掐死后诬陷王皇后。永徽六年(655年)十月,王皇后被废,32岁的武则天被立为皇后。显庆五年(660年)十月,李治因“风眩头重,目不能视。百司奏事,上或使皇后决之”。麟德元年(664年)十二月,武则天参预朝政,与李治并称“二圣”。上元元年(674年)八月十五日,李治自称天皇,武则天称天后。弘道元年(683年)十二月初七,李治驾崩;十一日,皇太子李显继位,是为中宗,尊天后武则天为皇太后，政事全取决于太后。嗣圣元年(684年)二月，武则天废皇帝李显，立李旦为皇帝，是为睿宗，武则天独揽大权。垂拱四年(688年)五月十八日，武则天加尊号为圣母神皇。天授元年(690年)九月初九，67岁的武则天登上则天门城楼，改唐为周；十二日，武则天上尊号称圣神皇帝，正式登上“皇帝”宝座，成为唐朝的第五位皇帝；并以“武周”取代了“李唐”，建立武周王朝，改元天授，定都洛阳，号为“神都”，史称“武周”或“南周”。天授二年(691年)正月，饶阳县尉姚贞亮等数百人上表，请求为武则天上尊号为上圣大神皇帝。武则天没有允许。长寿二年(693年)九月初九，魏王武承嗣等5000人上表请求武则天加尊号为金轮圣神皇帝；武则天来到万象神宫，接受金轮圣神皇帝的尊号。天册万岁元年(695年)正月初一，武则天加尊号为慈氏越古金轮圣神皇帝；二月十六日，武则天除去“慈氏越古”的称号；九月初九，武则天加尊号为天册金轮大圣皇帝。

唐中宗神龙元年(705年)正月二十三日，武则天颁下制书，决定由太子李显代行处理国政；二十四日，武则天将帝位还给太子李显；二十五日，李显即皇帝位；二十七日，李显带领文武百官来到上阳宫，上武则天尊号为则天大圣皇帝。二月初四，李显下诏恢复大唐国号，并规定郊庙、社稷、陵寝、百官、旗帜、服色、文字等都恢复唐高宗李治永淳年以前的旧制，神都又恢复东都旧名。十一月二十六日，82岁的武则天在东都洛阳上阳宫驾崩。临死时武则天留下遗命：“去掉皇帝称号，以后称为则天大圣皇后。”第二年，即神龙二年(706年)五月十八日，武则天与唐高宗李治合葬于西安的乾陵。

武则天最传奇之处就是：作为一个女人，曾经嫁过父(李世民)、子(李治)两位皇帝；作为一个母亲，又诞育了两位皇帝(第三子李显和幼子李旦)；然后自己也当上了皇帝，并改朝换代，实际掌控朝政达45年之久。这不仅在中国历史上，乃至在世界历史上都是绝无仅有的。最终，武则天被迫退位，以皇后的身份去世，所以并没有获得皇帝的庙号和谥号，只留下“则天大圣皇后”的谥号和一块无字碑。

武则天生性独异，难以捉摸。她既有女人的风韵、媚态；又有男人的睿智、剽悍；更有掌权的欲望、魄力。朝廷政治，在其股掌之间；立废皇帝，任其随心所欲。而且嗜好杀戮，尤其忌恨李唐宗室成员；随意提拔官吏，尤其青睐溜须拍马之辈，公开招纳男宠，尤其喜欢貌美伟岸之士；擅长发起运动，尤其爱听“小报告”。此外，她为了达到自己的目的，“惑乱宫闱，杀子废子，人神共弃”。(《旧唐书·骆宾王传》)刘昫甚至用“祸国妖女”、“鬼怪”、“篡夺帝位”(《旧唐书·则天皇后》)来“赞曰”武则天。据林语堂先生《武则天正传》统计，武则天一生共谋杀了93人(户)。其中武则天近族23人，包括她亲生的长女、太子李弘、次子李贤，以及她的姐姐韩国夫人、外甥女魏国夫人；李唐宗室34人(户)，18户惨遭灭门、九户仅存一人、七户仅存两三人；文武大臣36人。

因此，历史上对武则天的评价往往是贬责多于褒扬、丑恶多于贤惠、野心多于才略。也有史学家认为，武则天上承“贞观之治”，下启“开元盛世”，对历史做出过重要贡献。

武则天究竟是一位怎样的奇异女子，怎样的一位大圣皇帝，1000多年来演绎、戏说、穿越的已经很多，某种程度上混淆了人们的视听。笔者通过对大量史料的深度发掘和广博考证，将历史上的武则天原原本本、真真实实地还原给大家，功过是非让读者评判。

2013年9月

目　录

引　　言……………………………………………………………… 1
第 一 章　建大唐李渊受禅让　争储君太子易秦王…………… 1
第 二 章　李世民三辞即帝位　武则天以貌入宫闱…………… 16
第 三 章　唐太宗驾崩含风殿　武才人削发尼姑庵…………… 25
第 四 章　祭先帝李治念故旧　承皇恩昭仪封皇后…………… 31
第 五 章　除政敌国舅难自保　称二圣武后始临朝…………… 39
第 六 章　起杀心兄姊受残害　生恶意太子惹祸灾…………… 44
第 七 章　唐高宗驾崩贞观殿　武天后预谋篡皇权…………… 55
第 八 章　登帝位号称圣神皇　施暴政酷吏太张狂…………… 73
第 九 章　兴诬告主子遭诽谤　犯妒心薛师毁明堂…………… 85
第 十 章　平契丹安抚老百姓　争宠幸各自显高明…………… 90
第十一章　封皇嗣子侄难确定　畏突厥重新立庐陵…………100
第十二章　斥吉顼武后说驯马　谏陛下狄公很圆滑…………105
第十三章　苏安恒上疏劝退让　魏元忠直言斗二张…………114
第十四章　长生殿偏袒控鹤党　迎仙宫计斩五六郎…………120
第十五章　废武周神龙闹政变　复李唐太子重掌权…………127
第十六章　仙居殿女皇留遗命　大梁山二帝葬乾陵…………136
第十七章　欲称制韦后鸩君主　谋逆反太平被翦除…………143
第十八章　评功过正史无定论　说褒贬野史有纷争…………153
主要参考书目……………………………………………………155
附一　唐朝前六位皇帝简表……………………………………157
附二　《代李敬业讨武氏檄》…………………………………160
附三　武则天家族关系简表(一至三)………………………162
后　记……………………………………………………………166

引言

武德元年(618 年),李渊建立了唐朝,以长安(今陕西西安)为首都。唐朝(618～907 年)是中国历史上最重要的一个朝代,也是统一时间最长,国力最强盛的朝代之一。贞观元年(627 年),李世民登基后开创了“贞观之治”;贞观二十三年(649 年)李治即位,继承了贞观遗风,开创了“永徽之治”。弘道元年(683 年)李治驾崩,武则天全面掌控朝政,改名武“曌”。

武则天是中国历史上唯一一位正统的女皇帝。嗣圣元年(684 年)二月初六,武则天废皇帝李显为庐陵王。初七,立豫王李旦为皇帝,但居于别殿,对政事不得干预。载初元年(690 年)九月初九,武则天宣布改唐为周(690～705 年),迁都洛阳,改元天授,史称武周。九月十二日,武则天受尊号为圣神皇帝。神龙元年(705 年)正月二十三日,武则天颁下制书,决定由太子李显代行处理国政。二十四日,武则天将帝位传给太子李显,李显恢复大唐国号和唐朝旧制,还都长安。

唐朝共有 21 位皇帝(含武则天),从武德元年(618 年)至天祐四年(907 年)梁王朱温篡位灭唐,历时约 290 年。

《闲聊女皇武则天》一书,从隋大业九年(613 年)写起,到唐玄宗李隆基开元元年(713 年)截止,时间跨度约为 100 年。

第一章

建大唐李渊受禅让　争储君太子易秦王

高祖神尧大圣大光孝皇帝姓李，名渊(566～635年)，字叔德。号称是西汉大将军李广的23世孙。李渊的父亲李昞(514～572年)，字明泽。祖父李虎，西魏时官至太尉，后来因辅佐北周代替西魏有功，被封为八柱国之一，死后追封为唐国公。这就是后来李渊所建大唐国号的由来。

李昞娶妻独孤氏，育有四子，长子梁王李澄、次子蜀王李湛、第三子汉王李洪①、第四子李渊；一女，同安公主。李渊称帝后追封其父李昞为元皇帝，庙号世祖。追尊其母为元贞皇后。

李渊，北周天和元年(566年)十二月初六生于长安②，生肖属狗。母亲独孤氏③。北周建德二年(573年)，七岁的李渊袭封唐国公。待其成年后，性格洒脱，胸怀坦荡，真诚率直，宽厚仁爱能容纳众人，不论贵贱都能得到他的宠爱。当时，有个叫史世良的，善于相面，他对李渊说："您的骨骼非同一般，必定会成为帝王，希望您保重，不要忘记我的话。"李渊因此很自负。

---

① 均为后来追封。

② 今陕西西安。

③ 隋朝开国皇帝文帝杨坚独孤皇后姐。

李渊受禅建唐朝

隋大业九年(613年),李渊为卫尉少卿①。十一年(615年)拜山西河东慰抚大使。十二年(616年),李渊升为右骁卫将军。

这年七月初十,隋帝杨广②第三次驾临江都③。从东都洛阳出发,临行赐守宫宫女诗:"我梦江都好,征辽亦偶然。但存颜色在,离别只今年。"这首诗竟然成了杨广的"诀别诗"。

隋大业十三年(617年),李渊拜太原留守。当时,群贼纷纷起事,政局动乱。五月十五日,李渊乘势从太原起兵。十一月初九,攻克了隋朝京城长安。十六日,李渊率领百官,准备好天子乘舆车驾,立代王杨侑④为皇帝,是为隋恭帝。遥尊隋炀帝为太上皇,大赦,改年号为义宁。十七日,杨侑下诏加李渊假黄钺、使持节、大都督内外诸军事、大丞相,封为唐王,总管政务。将武德殿作为丞相府,把李渊发布的"教"改称为"令"。立李渊长子、陇西公李建成为唐国世子;次子李世民任京兆尹,改封为秦公;第四子、姑臧公李元吉封为齐公。

隋大业十四年、隋恭帝义宁二年、唐武德元年(618年)正月初一,隋帝杨侑下诏允许唐王李渊佩带宝剑穿鞋上殿朝见,行礼时不必通报姓名。二十二日,唐王李渊以世子李建成为左元帅,秦公李世民为右元帅,率领各路兵马十余万救援东都⑤。

三月初四,李渊以齐公李元吉为镇北将军、太原道行军元帅,都督十五郡的各项军事,允许他有权随机行事。

当时杨广在江都荒淫无度,宫中有房屋百间,每间摆设都极尽豪华,里面都住着美女,每天以一房的美女作为主人。江都郡丞赵元楷负责供应美酒饮食,杨广与萧皇后以及宠幸的美女吃遍了宴席,酒杯不离口,经常喝醉。后来,杨广看到天下大乱,心情也忧虑不安,退朝后常头戴幅巾,身穿短衣,拄着拐杖散步,走遍行宫的楼台馆舍,一直到很晚还不住地观赏行宫四周的景色,唯恐看不够。

---

① 掌管仪仗、帐幕。
② 隋朝第二位皇帝、杨坚之子。
③ 今江苏扬州。
④ 隋炀帝长子杨昭第三子。
⑤ 今河南洛阳。

杨广通晓占卜相面，爱说江浙方言，经常半夜起来摆酒，一边看星象，一边对萧皇后说："外面有不少人想算计侬[①]，不过侬不是长城公陈叔宝[②]，卿也不是沈皇后(沈妙容)。我们姑且只管享乐饮酒吧！"然后倒满酒喝得烂醉。杨广还曾照着镜子，回头对萧皇后说："好一个头颅啊，会被谁砍下来？"萧皇后惊异地问他为什么这么说，杨广笑着说："贵贱苦乐循环更替，又有什么奇怪的？"

杨广看到政局动荡，中原混乱，不想回北方，打算把国都迁到丹阳[③]，驻守江东，命令群臣在朝堂上议论迁都之事。公卿们都曲意奉承皇帝的旨意说："江东百姓希望陛下临幸已经很久了，陛下渡江抚慰江东百姓，就是大禹一样的作为。"于是杨广下令修建丹阳宫，准备迁都事宜。

然而，跟随杨广来江都的骁果[④]大多是关中人，长期在外，思念故乡，听说皇帝没有返回长安的意思，大都策划逃回家乡。虎贲郎将、扶风人司马德戡一向得到杨广的信任，此时也想着逃跑。便与平时要好的元礼、监门直阁裴虔通商量叛逃计划。

初十，司马德戡召集全体骁果军将士，宣布了叛逃计划。十一日，天还没亮，司马德戡交给裴虔通兵马，用来替换各门的卫士。司马德戡等人领兵从玄武门进入宫城，杨广听到消息，换了衣服逃到西阁。校尉令狐行达拔刀冲上去，杨广躲在窗后对令狐行达说："你想杀朕吗？"令狐行达回答说："臣不敢，只是想侍奉陛下西还长安罢了。"说完扶着皇帝杨广走下西阁。杨广的爱子、赵王杨杲才12岁，这时在杨广身边不停地大声哭泣，裴虔通杀了赵王，血溅到杨广的衣服上。这些人试图杀杨广，杨广说："天子自有天子的死法，怎么能对天子动刀，取鸩酒来！"马文举等人没有应允，而让令狐行达按着杨广坐下。于是，杨广自己解下练巾交给令狐行达，令狐行达用练巾绞死了杨广。萧皇后和宫女撤下漆床板，做成棺材，将杨广和杨杲一起安置在西院流珠堂。

二十三日，隋帝杨侑晋升李渊为相国，总领百官，使用九锡之礼[⑤]。唐国设置了丞相以下的官员，在长安通义里的住宅中设立了皇高祖李熙以下四代宗庙。

---

① 方言：我。

② 南朝陈末代皇帝。

③ 今南京。

④ 御林军、骁卫军与果毅军的简称。

⑤ 一锡车马，再锡衣服，三锡虎贲，四锡乐器，五锡纳陛，六锡朱户，七锡弓矢，八锡鈇钺，九锡秬鬯。

五月初一，杨侑诏令李渊戴十二旒皇冠，建立天子旌旗，出入时清扫道路和警戒行人。王后、王女封爵封号，一律遵循旧制。十四日，杨侑下诏，并派遣使持节、兼太保、刑部尚书、光禄大夫、梁郡公萧造，兼太尉、司农少卿裴之隐，将隋帝杨侑的玺印绶带奉于李渊。李渊辞让，百官上表劝李渊即帝位，反复了三次，李渊才依从。杨侑退位回到过去的府第。李渊改大兴殿为太极殿。至此，国祚只有38年的隋朝灭亡。

二十日，李渊在太极殿即皇帝位，国号唐，是为唐高祖，年号武德，定都长安。任命刑部尚书萧造兼任太尉，在南郊祭祀天地，大赦天下，改隋义宁二年为唐武德元年。这天，杨广的死讯传到东都。

六月初一，李渊任命李世民为尚书令，相国府长史裴寂任尚书右仆射，相国府司马刘文静为纳言，原隋朝民部尚书萧瑀、相国府司录窦威两人都任内史令。废除隋朝大业律令，颁布新的法律条令。初六，备妥皇帝的车驾，迎接皇高祖宣简公以下的祖宗神主，附祭于太庙。追谥王妃窦氏为太穆皇后，陵墓称作寿安陵。

初七，李渊立世子李建成为皇太子。封李世民为秦王、李元吉为齐王。封李唐宗室的李孝基①为永安王，李道玄②为淮阳王，李叔良③为长平王，李神通④为永康王，李神符⑤为襄邑王，李德良⑥为长乐王，李道素为竟陵王，李博乂⑦为陇西王，李奉慈⑧为渤海王。诸州总管加封号为使持节。

这时，西秦皇帝薛举入侵泾州⑨，李渊命令秦王李世民为西讨元帅征讨他。改封永康王李神通为淮安王。十二日，李渊尊奉杨侑为酅（xī）国公。八月十九日，任命秦王李世民为元帅，攻打薛仁果。

隋朝江都太守陈棱寻找到了杨广的灵柩，用宇文化及留下的车驾鼓吹，大致

---

① 李渊从父弟。
② 李渊从父兄子。
③ 李渊从父弟。
④ 李渊从父弟。
⑤ 李渊八叔李亮子。
⑥ 李渊六叔李袆子。
⑦ 李渊兄子。
⑧ 李渊侄子。
⑨ 今甘肃泾川北。

唐高祖李渊画像

备齐了天子所用的仪仗，将杨广改葬在江都宫西面的吴公台下[①]，当地人称“皇墓墩”。据 2013 年 4 月 14 日扬子晚报报道：隋炀帝和萧皇后墓葬在邗江西湖镇被发现，距“皇墓墩”约 5 公里。九月二十七日，李渊追谥隋朝太上皇杨广为炀帝。

十一月二十二日，秦王李世民到长安，在闹市杀了薛仁果。十二月初二，李渊下诏以秦王李世民为太尉、使持节、陕东道大行台，蒲州及黄河以北各府的兵马都接受李世民的指挥。

武德二年(619 年)正月初三，李渊命令秦王李世民出京镇守长春宫[②]。闰二月，瓦岗军首领李密的旧将徐世勣率黎阳的兵众和河南 10 郡投降，授任黎州总管，封为曹国公，赐姓李，后称李世勣。八月初一，酅国公杨侑去世，谥为隋恭帝。

兄弟争宠起杀心

武德五年(622 年)七月初五，朝廷建造弘义宫，给李世民居住。

当初，李渊在晋阳起兵，都是次子秦王李世民的计谋，李渊对李世民说：“如果大事成功，那么天下都是你带来的，理应立你为太子。”李世民拜谢并推辞。待到李渊成为唐王，将领们也请求立李世民为世子，李渊准备立李世民，李世民坚决推辞才作罢。太子李建成性情松缓惰慢，喜欢饮酒，贪恋女色，喜爱打猎；齐王李元吉，常有过错，两人都不受李渊宠爱。李世民功勋名望日益增长，李渊常常有让李世民取代李建成为太子的意思，李建成感到不安，于是与李元吉共同谋划，一同排挤李世民，他们各自还建立了自己的党羽。

李渊晚年宠幸的妃嫔很多，有近 20 位王子，他们的母亲争相交结各位年长的王子来巩固自己的地位。李建成和李元吉都曲意侍奉这些妃嫔，奉承献媚、贿赂、馈赠，无所不为，以求得李渊的宠爱。也有人说李建成和李元吉与李渊的妃嫔张婕妤、尹德妃私通，宫禁幽深神秘，此事无从证实。唯有李世民不去讨好这些妃嫔，这些妃嫔争相称赞李建成、李元吉而诋毁李世民。

---

① 今江苏扬州邗江区槐泗镇槐二村。

② 今陕西大荔朝邑镇。

自从李世民平定洛阳以后，李渊让万贵妃等人到洛阳挑选隋朝的宫女，收取仓库里的珍宝。万贵妃等人私下向李世民索要珍宝并为自己的亲属求官，李世民回答说："珍宝都已经登记在册上报朝廷了，官位应当授予有贤德才能和有功劳的人。"所以没有答应她们的任何要求，因此妃嫔们更加憎恨他。当时皇帝的"诏敕"与太子的"令"、秦齐二王的"教"并行。李世民因为淮安王李神通有功，就拨给他几十顷田地。张婕妤的父亲通过张婕妤向李渊请求要这些田地，李渊手写敕令将这些田地赐给张婕妤的父亲，李神通因为秦王的教在先，不肯让出。张婕妤向李渊告状道："皇上敕赐给我父亲的田地，被秦王夺去给了李神通。"李渊因此发怒，责备李世民说："难道我的'手敕'不如你的'教'吗?"过了些天，李渊指着秦王对左仆射裴寂说："这个儿子长期在外掌握军队，受书生们教唆，已经不再是原来的那个儿子了。"尹德妃的父亲尹阿鼠骄横跋扈，李世民府里的官员杜如晦经过他家门前，尹阿鼠的几名家童将杜如晦拽下马来，狠揍了一顿并打断了一根手指，说道："你是什么人，胆敢经过我家门前不下马!"尹阿鼠怕李世民告诉皇上，就先让尹德妃对皇上说："秦王的亲信欺侮我家人。"李渊又生气地责备李世民："我妃嫔的家人都受你身边的人欺凌，何况是小小老百姓!"李世民反复为自己辩解，但李渊始终不听信他。

李世民每次在宫中侍奉李渊宴饮，面对父皇的那些妃嫔，想起母亲太穆皇后死得早，没能看到父皇拥有天下，有时不免叹气流泪，李渊看到后很不高兴。那些妃嫔趁机暗中一同诋毁李世民说："天下幸好平安无事，陛下年寿已高，只适合娱乐活动，而秦王总是一个人流泪，这实际上是憎恨我们，一旦陛下作古，我们母子必定不为秦王所容，会被杀得一个不留!"因此相互流泪，并且说："皇太子仁爱孝顺，陛下将我们母子托付给太子，就能够保全性命。"李渊为此也很伤心。从此李渊打消了改立李世民为太子的念头，对李世民逐渐疏远，对李建成、李元吉却日益亲近起来。

武德七年(624年)正月，唐按照北周、北齐的旧制度，在每个州设置大中正一人，掌管了解州内人物、品评衡量家族的等级，由本州家族资望较高的人担任，没有品级俸禄。

是年为甲申年。正月二十三日(公历2月17日)，武则天出生于利州[①]的一

① 今四川广元。

个新贵显宦之家，生肖属猴。当时武则天的父亲武士彟48岁，受封一品应国公，母亲杨氏46岁。

四月初一，唐朝大赦天下。是日，颁布新的律令，新律比隋朝开皇的旧制增加了53条新法规。

六月二十四日，庆州都督杨文干反叛朝廷。当初，齐王李元吉劝太子李建成除掉秦王李世民时说："我自当替哥哥亲手将他杀掉！"李世民随从李渊前往李元吉的府第，李元吉将护军宇文宝埋伏在寝室里面，准备刺杀李世民，李建成制止了他。李元吉恼怒地说："我这是为哥哥着想，对我有什么好处！"

都督杨文干曾经在东宫担任警卫，李建成亲近并厚待他，私下里让他募集勇士，送往长安。李渊准备前往位于铜川[①]的仁智宫，命令李建成留守京城，李世民与李元吉一起随行。李建成让李元吉乘机图谋李世民，他说："无论我们的打算是平安无事的还是面临危险的，都要在今年决定下来。"李建成又指使郎将尔朱焕和校尉桥公山将盔甲赠给杨文干。这两人来到豳(bīn)州[②]的时候，上报发生变故，告发太子李建成指使杨文干起兵，让他与自己内外呼应。还有一位宁州人杜凤举也前往仁智宫讲了这一情形。李渊大怒，借口别的事情，以亲笔诏书传召李建成，让他前往仁智宫。李建成心中害怕，不敢前去。太子舍人徐师谟劝他占据京城，发兵起事；詹事主簿赵弘智劝他免去太子的车驾章服，摒除随从人员，到皇上那里去承认罪责。于是，李建成决定前往仁智宫。半路上李建成便将所属官员，全部留在北魏开国县侯毛鸿宾遗留下来的堡栅中，带领十多个人骑马前去见父皇李渊，向父皇伏地叩头，承认罪责，把身子猛然用力撞了出去，撞得几乎晕死过去。但是，李渊的怒气仍然没有消除。这一天夜里，李渊将李建成留在帐篷里，给他麦饭充饥，让殿中监陈福看守他，又派遣司农卿宇文颖迅速去传召杨文干。宇文颖来到庆州[③]，将情况告诉了杨文干。于是，杨文干起兵造反。李渊派遣左武卫将军钱九陇和灵州[④]都督杨师道讨伐杨文干。

二十六日，李渊传召秦王李世民商议讨伐杨文干。李世民说："杨文干这小子竟敢做这种狂妄叛逆的勾当，想来他幕府的僚属应当已经将他擒获并杀掉了。

---

① 今陕西铜川。

② 今甘肃宁县。

③ 今甘肃庆阳。

④ 今宁夏灵武西南。

如果不是这样，就应当派遣一员将领去讨伐他。”李渊说：“不能这样，杨文干的事情关联着建成，恐怕响应他的人为数众多。你最好亲自前往，回来以后，我便将你立为太子。我不愿意效法隋文帝去诛杀自己的儿子，届时就将李建成封为蜀王。蜀中兵力薄弱，如果以后他能够臣服你，你应该保全他的性命；如果他不肯臣服你，你要捉拿他也容易一些啊。”

李世民出发以后，李元吉与嫔妃轮番替李建成说情，封德彝又在外朝设法解救李建成。于是，李渊改变了主意，又让李建成回去驻守京城。李渊只以兄弟关系不和睦责备李建成，将罪责推给了太子中允王珪、左卫率韦挺和天策兵曹参军杜淹，将他们一并流放到了巂(xī)州[①]。

七月，杨文干突袭并攻陷宁州[②]，驱赶劫掠官吏与百姓出城，占据了百家堡。秦王李世民的军队来到宁州以后，杨文干的党羽便全部溃散。初五，杨文干被自己的部下杀死，他的头颅被送到了京城。

当时，突厥屡犯中原。有人劝李渊说：“突厥之所以屡次侵犯，是由于我们的人口与财富都集中在长安的缘故。如果烧毁长安，不在这里定都，那么胡人的侵犯便会自然平息下来了。”李渊认为所言有理，便派遣中书侍郎宇文士及越过终南山，来到樊州[③]、邓州[④]一带，巡视可以居留的地方，准备将都城迁徙到那里去。太子李建成、齐王李元吉和裴寂都赞成这一策略，萧瑀等人虽然知道不应当如此，但没有谏阻的胆量。秦王李世民劝谏说：“戎狄造成祸患，从古时候起，就时有发生。陛下凭着自己的圣明英武，创建新的王朝，统辖着中国的领土，拥有上百万的精锐兵马，所向无敌，怎么能够因有胡人搅扰边境，便连忙迁徙都城来躲避他们，给举国臣民留下羞辱，让后世来讥笑陛下呢？那霍去病不过是汉朝的一员将领，尚且决心消灭匈奴，何况我还愧居藩王之位呢！希望陛下给我几年时间，让我把绳索套在颉利[⑤]的脖子上，将他送到宫阙之下。如果不能获得成功，那时再迁徙都城，也为时不晚。”李渊说：“讲得好。”李建成说：“当年樊哙[⑥]打算

① 今四川西昌。
② 今甘肃庆阳宁县。
③ 今湖北襄阳北。
④ 今河南邓州。
⑤ 东突厥可汗。
⑥ 西汉开国元勋。

率领十万兵马在匈奴人中间纵横驰骋，秦王的话该不会是与樊哙相似的吧！”李世民说：“面对的情况各有区别，采取军事行动的方法也不相同。樊哙那小子有什么值得称道的呢！不会超过十年时间，我肯定能够将沙漠以北地区平定下来，这可并不是凭空妄言的啊！”于是，李渊不再迁徙都城。李建成与嫔妃因而共同诬陷李世民说：“虽然突厥屡次造成边疆上的祸患，但是只要他们得到财物就会撤退。秦王表面上假托抵御突厥的名义，实际上是打算总揽兵权，成就他篡夺帝位的阴谋罢了！”

李渊在京城南面设场围猎，太子李建成、秦王李世民和齐王李元吉都随同前往，李渊让这三个儿子骑马射猎，角逐胜负。李建成有一匹胡马，膘肥体壮，但是喜欢尥蹶子，李建成将这匹胡马交给李世民说：“这匹马跑得很快，能够越过几丈宽的涧水。弟弟善于骑马，骑上它试一试吧。”李世民骑着这匹胡马追逐野鹿，胡马忽然尥起后蹶，李世民跃身而起，跳到数步以外立定，胡马站起来以后，李世民便再次骑到这匹马上，连续了三次。李世民回过头来看着宇文士及说：“他打算借助这匹胡马害我，但是生死是命运主宰着的，难道他能够伤害我什么吗？”李建成听到此言，便让嫔妃向李渊诬陷李世民说：“秦王自称上天授命于我，正要让我去当天下的主人哩，怎么会白白死去呢！”李渊非常生气，先将李建成和李元吉两人叫来，然后又将李世民叫来，责备他说：“谁是天子，自然会有上天授命于他，不是人的智力所能够谋求的。你谋求帝位怎么这般急切呢！”李世民摘下王冠，伏地叩头，请求将自己交付执法部门查讯证实，李渊仍然怒气未消。适逢有关部门奏称突厥前来侵扰，李渊这才缓和下来，转而劝勉李世民，让他戴上王冠，系好腰带，与他商议对付突厥的办法。闰七月二十一日，李渊颁诏命令李世民与李元吉率领兵马由豳州进发，前去抵御突厥，在兰池①为他们饯行。每当发生敌情，李渊总是命令李世民前去讨伐敌人，但在战事平息以后，李渊对李世民的猜疑却越发严重了。

秦王夺嫡玄武门

武德九年(626 年)六月，李世民在与李建成、李元吉结下嫌隙以后，认为洛阳地势优越便利，担心总有一天会发生变故，打算离京防守此地，所以就让行台

① 也称兰池陂，今陕西咸阳。

工部尚书温大雅镇守洛阳，派秦王府车骑将军、荥阳人张亮率领亲信王保等1000多人前往洛阳，暗中结交山东的杰出人士，等待时势的变化，还拿出大量的金银布帛，任凭他们使用。李元吉告发张亮图谋不轨，张亮被交付法官考察验证。张亮坚决一言不发，朝廷便释放了他，让他返回洛阳。

一天夜里李建成叫来李世民，与他饮酒，用经过鸩羽浸泡的毒酒毒害他。李世民突然心脏痛楚，吐了几升血，幸亏淮安王李神通及时搀扶着他返回西宫。这一次李建成的计谋没有得逞。李渊来到西宫，询问李世民的病情，命令李建成说："秦王平素不善于饮酒，从今以后，你不能够再与他夜间饮酒。"李渊因而对李世民说："第一个提出反隋的谋略，消灭平定国内的敌人，这都是你的功劳。我打算将你立为继承人，你却坚决推辞掉了。而且，建成年纪最大，作为继承人，为时已久，我也不忍心削去他的权力啊。我看你们兄弟似乎难以相容，你们一起住在京城里面，肯定要发生纷争，我应当派你返回行台，让你留居洛阳，陕州以东的广大地区都由你主持。我还要让你设置天子的旌旗，一如汉梁孝王①开创的先例。"李世民哭泣着，以不愿意远离父皇膝下为理由，表示推辞。李渊说："天下都是一家。东都和西都两地，路程很近，只要我想念你，便可动身前去，你不用烦恼悲伤。"李世民准备出发的时候，李建成和李元吉一起商议说："如果秦王到了洛阳，拥有地盘与军队，便再也不能够控制他了。不如将他留在长安，这样他就只是一个独夫而已，捉拿他也就容易了。"于是，他们暗中让人密奏皇帝，声称："秦王身边的人们得知秦王即将前往洛阳的消息以后，无不欢喜雀跃。察看李世民的意向，恐怕他不会再回来了。"他们还指使李渊宠信的官员以秦王去留的得失利弊来劝说李渊，李渊便改变了主意，秦王前往洛阳的事情又半途搁置下来。

李建成、李元吉与后宫的嫔妃不断地在李渊面前诬陷李世民，李渊信以为真，便准备惩治李世民。陈叔达进谏说："秦王为国家立下了巨大的功劳，是不能够废黜的。况且，他性情刚烈，倘若加以折辱贬斥，恐怕经受不住内心的忧伤愤郁，一旦染上难以测知的疾病，陛下后悔还来得及吗！"于是，李渊没有处罚李世民。李元吉暗中请求杀掉秦王，李渊说："他立下了平定天下的功劳，而他犯罪的事实并不显著，用什么作借口呢？"李元吉说："秦王刚刚平定东都洛阳的时候，观望形势，不肯返回，散发钱财布帛，以便树立个人的恩德，又违背陛下的命令，这

---

① 汉景帝刘启同胞弟刘武。

不是造反，又是什么！应该赶紧将他杀掉，何必担心找不到借口！”李渊没有回答他。

这时李世民府所属的官员人人忧虑，个个恐惧，不知所措。行台考功郎中房玄龄对比部郎中长孙无忌说：“现在仇怨已经结下，一旦祸患暗发，岂止是秦王府不可收拾，实际上便是国家的存亡都成问题。不如劝说秦王采取周公平定管叔与蔡叔的行动，以便安定皇室与国家。存亡的枢机，形势的危急，就在今天！”长孙无忌说：“我有这一想法已经很久了，只是不敢讲出口。现在你说的这一席话，正好符合我的心愿。请让我为您禀告秦王。”于是，长孙无忌到秦王府告诉了李世民。李世民传召房玄龄计议此事，房玄龄说：“大王的功劳足以遮盖天地，应当继承皇帝的伟大勋业。现在大王心怀忧虑戒惧，正是上天在帮助大王啊。希望大王不要疑惑不定了。”于是，房玄龄与秦王府属官杜如晦共同劝说李世民诛杀李建成与李元吉。

李建成和李元吉看到秦王府拥有许多骁勇的将领，打算引诱他们为己所用，便暗中将一车金银器物赠送给左二副护军尉迟敬德，并且写了一封书信招引他说：“希望得到您的屈驾眷顾，以便加深我们之间的布衣之交。”尉迟敬德推辞说：“我是编蓬为户、破瓮作窗人家的小民，遇到隋朝末年战乱不息、百姓流亡的时局，长期沦落在抗拒朝廷的境地里，罪大恶极，死有余辜。秦王赐给我再生的恩典，并留我在秦王府为官，应当以死报答秦王。”又说，“我没有为殿下立过寸功，不敢凭空接受殿下如此丰厚的赏赐。倘若我私自与殿下交往，就是对秦王怀有二心，就是因贪图财利而忘掉忠义，殿下要这种人又有何用处呢！”李建成大怒，便与他断绝了往来。尉迟敬德将此事告诉了李世民，李世民说：“您的心就像山岳那样坚实牢靠，即使他赠送给您的金子堆积得顶住了北斗星，我知道您也是不会动摇的。他赠给您什么，您就接受什么，我是不会猜疑的！况且，你这样做可以了解他的阴谋，这不是一个上好的计策吗！否则，祸事就将降临到您的头上了。”

不久，李元吉派人欲在夜间行刺尉迟敬德，尉迟敬德得知这一消息以后，将层层门户敞开，自己安然躺着不动，刺客屡次来到他的院子里，终究没敢进屋。于是，李元吉向李渊诬陷尉迟敬德，尉迟敬德被关进奉诏命特设的监狱里审问处治，准备将他杀掉，由于李世民再三请求保全他的生命，这才得以不死。李元吉又诬陷左一马军总管程知节，李渊将他外放为康州刺史。程知节对李世民说：“大王的辅佐之臣快走光了，大王自身又怎么能够长久呢！我誓死不离开京城，希望大王及早将计策决定下来。”李元吉又用金银布帛引诱右二护军段志玄，段志玄不肯从命。李建成对李元吉说：“在秦王府有智谋才略的人物中，值得畏惧的是房玄龄和杜如晦。”李建成与李元吉又向李渊诬陷他们两人，使他们遭到了斥逐。

这时，李世民的亲信只有长孙无忌尚在秦王府中，长孙无忌与他的舅父雍州治中[①]高士廉，左虞侯车骑将军、三水[②]人侯君集以及尉迟敬德等人，不断地劝说李世民诛讨李建成和李元吉，李世民还是犹豫不决。李世民向李靖、李世勣问计，两人表面上推辞而在暗中支持李世民。从此，李世民更器重他们两人了。

适逢突厥派遣郁射设带领数万骑兵驻扎在黄河以南，进入边塞，包围乌城[③]，李建成便向李渊推荐李元吉代替李世民督率各军北征突厥。李渊听从了他的建议，命令李元吉督率右武卫大将军李艺、天纪将军张瑾等人前去援救乌城。李元吉请求让尉迟敬德、程知节、段志玄以及秦王府右三统军秦叔宝等人和自己一同前往，检阅并挑选秦王军中精悍勇锐的将士，来增强军队。率更丞王晊秘密禀告李世民说：“太子对齐王说，‘现在，你已经得到秦王骁勇的将领和精悍的士兵，拥有数万人马了。我与秦王在昆明池[④]为你饯行，让勇士藏在帐幕里借机将秦王杀死，上奏时就说他暴病身亡，皇上应该不会怀疑。我会让人进言申说，让父皇将国家事务交给我。尉迟敬德等人被你掌握以后，应该将他们悉数活埋，谁敢不服呢！’”李世民将王晊的话告诉了长孙无忌等人，长孙无忌等人劝说李世民尽早设法对付他们。李世民叹息道：“骨肉自相残杀，古往今来皆为人所不齿。我当然知道祸事就在旦夕，但我打算在他们动手以后，再仗义讨伐他们，这不是也可以吗！”尉迟敬德说：“作为人之常情，有谁愿意舍身求死！现在大家誓死拥戴大王，这是上天的旨意。祸患即将来临，大王却仍旧心态安然，不以为忧。即使大王将自己看得很轻，又如何对得起宗庙社稷呢！如果大王不肯采纳我的意见，我就打算逃身荒野了。我是不能够留在大王身边，垂手任人宰割的！”长孙无忌说：“如果大王不肯听从尉迟敬德的意见，这事就没辙了。尉迟敬德等人绝不会再追随大王了，我也将跟随他们而去，不能再侍奉大王了！”李世民说：

① 州刺史的高级佐官。

② 今陕西旬邑。

③ 今山西盂县西。

④ 今陕西西安南郊。

“我的意见也不能完全不听，您再商议一下吧。”尉迟敬德说：“如今大王处事心有疑虑，这不明智；面临危难，不能决断，这不果敢。而且，大王平时畜养的800多名勇士，凡是在秦王府之外的人，如今均已进入宫中，他们身穿铠甲，手握兵器，事情的大势已成，大王怎么能就此罢休呢！”

李世民征求秦王府僚属的意见，大家都说：“齐王凶残暴戾，终究不会情愿侍奉自己的兄长。近来听说护军薛实对齐王李元吉说，‘大王的名字，可以合成一个唐字，大王终究是要主持大唐祭祀的。’齐王高兴地说，‘只要能够除去秦王，捉拿太子就易如反掌了。’李元吉与太子谋划作乱尚未成功，就已经有了捉拿太子的野心。作乱之心没有满足的时候，还有什么事做不出来呢！如果这两个人如愿以偿，恐怕天下就不再属大唐所有了。凭着大王的贤能，捉拿这两个人如同拾取地上的草芥一样，怎么能为了顺从平常人的节操，而忘记了国家的大计呢！”李世民仍然犹豫不定。李世民让人卜算是否应该采取行动，恰好秦王幕府的僚属张公谨从外面进来，便将龟甲拿过来扔在地上说：“占卜是为了决定疑难之事的，现在的事情并无疑难，还占什么卜呢！如果卜算的结果是不吉利的，难道就能够不采取行动了吗？”于是，大家便定下了采取行动的计划。

初三，天象发生了变化。金星再次白天出现在天空正南方的午位。傅奕秘密上奏李渊说：“金星出现在秦地的分野①上，这是秦王应当拥有天下的征兆。”李渊将傅奕的密状交给了李世民。此时，李世民暗中奏陈李建成与李元吉淫乱后宫嫔妃，而且说：“我没有丝毫对不起哥哥与弟弟的地方，他们却要杀我，似乎要为王世充和窦建德报仇②。如今我枉然而死，永远离开父皇，魂魄回归地下，如果见到王世充等人，实在感到羞耻！”李渊看着李世民，惊讶不已，回答说：“明天就审问此事，你最好及早前来。”

初四，李世民率领长孙无忌等人入朝，将士兵埋伏在玄武门。李渊嫔妃张婕妤暗中得知了李世民上表的大意，急忙前去告诉李建成。李建成将李元吉叫来共同商议，李元吉说：“我们应当统率好东宫与齐王府中的军队，假称有病，不去上朝，以便观察形势。”李建成说：“军队的防备已很严密了，我们应当入朝参见，亲自打听消息。”于是，两人一起入朝，骑着马向着玄武门而来。当时，李渊已经

---

① 分封诸侯的境域。

② 王世充和窦建德都曾被李世民降服和俘虏。

将大臣裴寂、萧瑀、陈叔达等人召集前来，准备核实这件事情。

当李建成和李元吉来到临湖殿的时候，察觉到情况有变，立即勒转马头，准备分别返回东宫和齐王府。李世民在后面招呼他们，李元吉拉弓搭箭射向李世民，一连几次，都没有将弓拉满，李世民一箭就将李建成射死。尉迟敬德率领70余骑兵先后赶到，身边的将士将李元吉射下马来。这时，李世民的坐骑受到惊吓奔入树林中，李世民被树枝挂住，摔倒在地上，爬不起来。李元吉迅速赶来，夺过李世民的弓，准备用弓弦勒死李世民。尉迟敬德拍马赶到大声呵斥李元吉，李元吉慌忙逃向武德殿，尉迟敬德在后面追射李元吉，将他射死。

上述李建成、李元吉和李世民三兄弟在玄武门搏杀的事件，史称“玄武门事变”。事变中，李建成、李元吉被杀。

当玄武门事变发生之时，李渊正在宫中的海池划船。李世民让尉迟敬德入宫担任警卫，尉迟敬德身披铠甲，手握长矛，径直来到李渊面前。李渊极为震惊，便问他说：“今天作乱的人是谁呀？你来这里干什么？”尉迟敬德回答说：“由于太子和齐王作乱，秦王起兵诛杀了他们。秦王担心惊动陛下，便派我担任警卫。”李渊对身边的裴寂等人说：“不料今天竟然发生这种事情，你们认为应当怎么办呢？”萧瑀和陈叔达说：“李建成与李元吉原来就没有参与举义反隋的谋议，又没有为天下立下功劳。他们嫉妒秦王功勋大，威望高，便一起策划邪恶的阴谋。现在，秦王已经声讨并诛杀了他们，秦王的功绩布满天下，我国疆域以内的人们都诚心归向于秦王。如果陛下能够决定立秦王为太子，将国家政务交托给秦王，就不会再发生事端了。”李渊说：“好！这也正是我平素的心愿啊。”此时，在宫廷之外，宿卫军和秦王府的兵马与东宫和齐王府的亲信交战尚未停息。尉迟敬德请求李渊颁布亲笔敕令，命令各军一律接受秦王的处置，李渊听从了尉迟敬德的建议。天策府司马宇文士及从东上阁门出来宣布敕令，众人才安定下来。李渊又让黄门侍郎裴矩前往东宫开导各位将士，将士们便都弃职逃散。于是，李渊传召李世民前来，抚慰他说：“近来，我似乎产生了曾母误听曾参杀人而丢开织具逃走的疑惑[①]。”李世民跪了下来，伏在李渊的胸前放声痛哭。

当天，李渊颁诏赦免天下罪囚，叛逆的罪名只加给李建成和李元吉两人，对其余的党羽，一概不加追究。僧人、尼姑和男女道士都应当依照原先颁布的诏令

---

① 此故事出自《战国策·秦策二》。

处理。国家的各项政务，全部听候秦王李世民的处置。

初七，李渊立李世民为皇太子。颁布诏书说："从今天起，军队和国家的各项事务，无论大小，全部交付太子处置决定，然后再报告朕知。"

司马光说：当初，李渊将嫡长子李建成立为太子，是礼制的正常法则。但是，李渊之所以拥有天下，完全是由于李世民的功劳。太子李建成平庸低劣，却位居李世民之上，这样，兄弟两人必然不能相容。假如李渊有周文王的明智[①]，李建成有泰伯的贤达[②]，李世民有子臧的节操[③]，变乱又会从哪里产生出来呢！

---

① 周文王被称明君圣人。

② 即让贤于能者的贤德。

③ 即成全别人当君王的气节。

第二章

李世民三辞即帝位　武则天以貌入宫闱

武德九年(626年)六月十二日,朝廷任命宇文士及为太子詹事,长孙无忌与杜如晦为左庶子,高士廉和房玄龄为右庶子,尉迟敬德为左卫率,程知节为右卫率,虞世南为中舍人,褚亮为舍人,姚思廉为洗马,还将齐王国主管的金银布帛器物全部赏赐给尉迟敬德。

当初,太子洗马魏徵经常劝说太子李建成及早除去秦王李世民,李建成事败以后,李世民便传召魏徵说:“你为什么挑拨我们兄弟的关系呢?”大家都为魏徵担心,魏徵却举止如常地回答说:“如果已故的太子早些听从我的进言,肯定不会有今天的祸事。”李世民素来器重魏徵的才能,便改变了原来的态度,对他以礼相待,引荐他担任了詹事主薄。李世民还将王珪和韦挺从嶲州召回,让他们担任了谏议大夫。十六日,李渊将亲笔诏书赐给裴寂等人说:“朕应当加上太上皇的尊号。”

李渊传位李世民

八月初八,李渊颁布制书[①],传位给皇太子李世民。初九,皇太子李世民在东宫显德殿即皇帝位,是为唐太宗,时年38岁,大赦天下。封武士彟为豫州都督。

---

① 皇帝颁布的法制命令。

二十一日，李世民将皇妃长孙氏立为皇后。长孙皇后年少时喜欢读书，即使在仓促之间，她的行为也一定要遵守礼教的规定。

十月，李世民下诏追封已故太子、皇兄李建成为息王，谥号为隐；皇弟、齐王李元吉谥号为刺，以皇家丧礼重新安葬。安葬那一天，李世民在宜秋门大哭一场，显得十分哀痛。魏徵、王珪上表请求到安葬地，李世民答应了他们，并命令原东宫和齐王府的旧僚属都去送葬。

唐太宗李世民画像

十月初八，立中山王李承乾[①]为皇太子，时年八岁。

李世民曾对身边的大臣说："君主依靠国家，国家仰仗百姓。靠剥削百姓来奉养君主，如同割身上的肉来充腹，腹饱而身死，君主富了而国家灭亡。所以君主的忧虑，不来自于外面，而常在于自身。凡欲望多则花费大，花费大则赋役繁重，赋役繁重则百姓愁苦，百姓愁苦则国家危急，国家危急则君主地位不保。朕常常思考这些，所以不敢放纵自己的欲望。"这年，武则天三岁。

贞观元年(627年)正月初一，唐改年号贞观。七月初二，任命吏部尚书长孙无忌为尚书右仆射。长孙无忌与李世民早年为布衣之交，既有长孙皇后兄长的外戚身份，又有辅佐李世民即位的大功，李世民视为心腹，对他的礼遇无人堪比，几次想重用他为宰相。长孙皇后固执地请求："我身为皇后，家族的尊贵荣耀已达到顶点，实在不愿意我的兄弟再去执掌国政。汉代的吕后、霍光、上官三家外戚都是痛彻骨髓的前车之鉴，望陛下体恤明察！"李世民不听，最后还是对长孙无忌予以重用。

贞观二年(628年)正月初三，尚书右仆射长孙无忌离职。当时有人上密表称长孙无忌权力过大，荣宠太盛，李世民将密表拿给长孙无忌看，并说："朕对你丝毫不怀疑，假如各有所闻而不说，则君臣的想法便不能沟通。"又召集百官对他们说："朕的儿子均年幼，所以视无忌如亲子一般，不是其他人所能离间的。"长孙

① 李世民长子，长孙皇后生。

无忌自己担心富贵至极会带来灾祸，一再请求让位，长孙皇后也尽力为他请求，李世民于是准许他离职，改封为开府仪同三司。

是年为戊子年，即鼠年，六月十五日，李世民第九子李治（唐高宗）诞生。这年，武则天五岁。

据《旧唐书》记载，武则天当初在襁褓中时，袁天纲[①]来到武则天家中，对其母说："夫人的骨法，必定会生贵子。"于是召来诸子，让袁天纲给他们相面。袁天纲看到武元庆、武元爽[②]说："这二子都是保家之主，官位可以到三品。"见到韩国夫人[③]说："此女也会大贵，但对其夫不利。"乳母当时抱着武则天，穿着男孩子的衣服，袁天纲说："此郎君子神色清爽，不容易了解，试着让他走走看。"于是在床前行走，又让他抬眼仰视，袁天纲大惊说："这个郎君龙睛凤颈，是贵人中的极致。"再转到侧面看他，又吃惊地说："如果是女子，实在不可窥测，以后应当做天下之主了。"《谭宾录》中，也有相似记载。袁天纲，是益州成都[④]人，唐朝初年的天文学家、星象学家、预测家，著有《推背图》、《五行相书》等著作流传于世。

武则天从小就女扮男装，大概是因为武士彟的发妻相里氏，生了武元庆、武元爽两个儿子[⑤]，而继妻杨氏则生了三个女儿。杨氏一心想生个儿子，可是未能如愿，于是将次女武则天装扮成男孩子。一方面，杨氏得到了心理上的安慰；另一方面，从小就造就了武则天男孩子一样的好胜心理。

贞观三年（629年）四月初四，太上皇李渊迁居弘义宫。改弘义宫为大安宫。李世民开始到太极殿听政，对群臣说："中书、门下省，都是机要部门，诏敕文书有不当之处，均应议论提出意见。近来唯见顺从旨意，听不见相反意见。如果只是过往文书，那么谁不能干呢，何必又要慎择人才呢？"房玄龄等人均磕头谢罪。

李渊驾崩垂拱殿

贞观五年（631年）二月二十日，李世民封皇子李愔为梁王，李恽为郯王，李贞为汉王，李治为晋王（时年四岁），李慎为申王，李嚣为江王，李简为代王。

---

① 一说袁天罡。

② 两人均为武则天同父异母兄。

③ 武则天姐。

④ 今四川成都。

⑤ 实生四子，夭亡二子

贞观九年(635 年)五月初六,太上皇李渊因中风在垂拱殿驾崩。

十月二十七日,李世民将太武皇帝李渊安葬在献陵①,庙号高祖;与穆皇后合葬,加谥号太穆皇后。

李渊一生有皇后、嫔妃约 20 余人。共育有 41 个子女,其中 22 个儿子,19 个女儿。

武则天的父亲武士彟,因太上皇李渊驾崩而悲痛患病死在任上,终年 59 岁。遵其遗嘱,把武士彟的灵柩运回并州老家安葬。这年,武则天 12 岁。李治 8 岁。

武士彟(577～635 年),字信。并州文水②人。父亲武华,为隋朝东都丞。武华生四子:长子武士稜、次子武士逸、第三子武士让、第四子武士彟。武士彟"才器详敏,少有大节,及长,深沉多大略"③。武士彟起初做木材生意,所以家里很富有,喜好交朋友。高祖当初从汾、晋出征,住在武家,受到他的接待与照顾。到高祖任太原留守时,援引任武士彟为行军司铠④。当时盗贼蜂拥而起,武士彟曾暗中劝高祖起兵,亲自送上兵书和符瑞。高祖对他说:"兵书是禁物,你尚且能拿来,我会深深铭记你的好意,定当同享富贵。"

武德年间,武士彟多次升任做到工部尚书,晋封为应国公,又历任利州、荆州都督。武士彟死后追赠礼部尚书,谥号定。

武士彟有两位兄长。长兄武士稜,性情谦恭温顺,辛勤种田。跟随起义,官做到司农少卿,封为宣城县公。贞观年间去世,追赠潭州都督。

次兄武士逸,也有战功。武德初年,任齐王李元吉府户曹⑤,赐给安陆县公的爵位。贞观初年去世。

皇后驾崩立政殿

贞观十年(638 年)正月初三,李世民开始亲理朝政。长孙皇后仁义孝敬,生活俭朴,喜欢读书,经常和李世民谈论历史,乘机劝善规过,提出很多有益的意见。六月,长孙皇后病重,与李世民诀别时,房玄龄已受谴回家,长孙皇后对李世

---

① 今陕西三原徐木乡永合村西。

② 今山西文水。

③ 出自《册府元龟》。

④ 掌管武器装备。

⑤ 管籍账、婚姻、田宅、杂徭、道路等事。

民说:“玄龄侍奉陛下多年,小心翼翼,做事缜密,如果没有大的过错,望陛下不要抛弃他。我的亲属,由于沾亲带故而得到禄位,既然不是因德行而升至高位,便容易遭灭顶之灾,望陛下不要将他们安置在重要的位置上。我活着的时候对别人没有用处,死后更不能对人有害,希望陛下不要为我建陵墓而浪费国家财力,只要依山做坟,瓦木为随葬器物就可以了。仍然希望陛下亲近君子,疏远小人,接纳忠言直谏,摒弃谗言,节省劳役,禁止游猎,我即使在九泉之下,也毫无遗憾了。也不必让儿女们前来探视,看见他们悲哀,只会搅乱人心。”

太子李承乾进宫服侍,悄悄告诉皇后说:“医药全都用遍了,您的身体仍没有痊愈,让我上奏皇上大赦囚徒,并度些人离俗出家当道士,以求得到保佑赐福。”皇后说:“死生由命,不是人力所能超越的。假如修行祈福可以延长寿命,我一向没有作恶;假如做善事都没有效果,还可以求得什么福呢。大赦是国家的大事,佛教和道教只为表示国家保留不同的宗教,还唯恐它败坏国家政体,这些又是皇上不喜欢做的,难道因为我一个女人而乱了天下的礼法?”

六月二十一日,长孙皇后在立政殿驾崩。时年 36 岁。十一月,李世民将长孙皇后安葬在昭陵[①],谥文德。

李世民常常念及文德皇后,于后苑中设立了一个观望台,用以瞭望昭陵。

则天以貌入后宫

贞观十一年(637 年)十一月二十六日,李世民听说已故荆州都督武士彟的女儿年方 14 岁,貌美,于是召入后宫,册封为才人[②]。

武则天入宫前,母亲杨氏痛哭与她分别,武则天则镇静自然,说:“去见天子岂知不是福气,怎么能有儿女悲情呢?”母亲赞同她的话停止哭泣。武则天见到皇帝李世民后,赐号武媚。

从武则天入宫前与母亲的一段对话来看,武则天真的很不一般,一是自若果断有勇气;二是踌躇满志不怯场。入宫见天子,就像回家见父母一样。自此,武则天开始了她不平凡的一生。

贞观十二年(638 年)九月初九,李世民问身边大臣:“创业与守成哪个难?”

---

① 今陕西礼泉城东北的九嵕(zōng)山上。

② 正五品。

房玄龄说:“建国之前,与各路英雄一起角逐争斗而后使他们臣服,还是创业难!”魏徵说:“自古以来的帝王,莫不是从艰难境地取得天下,又于安逸中失去天下,守成更难!”李世民说:“玄龄与我共同打下江山,出生入死,所以更体会到创业的艰难。魏徵与我共同安定天下,常常担心富贵而导致骄奢,忘乎所以而产生祸乱,所以懂得守成更难。然而创业的艰难,已成为过去的往事,守成的艰难,正应当与诸位慎重对待。”房玄龄等人行礼道:“陛下说这一番话,是国家百姓的福气呀!”

贞观十三年(639 年)正月十四日,李世民加封左仆射房玄龄为太子少师。房玄龄自己觉得身居尚书仆射的高位 15 年,儿子房遗爱娶李世民女儿高阳公主,女儿为韩王李元嘉[①]妃,生怕富贵至极反招灾祸,上表请求解除所任机要职务,李世民不允许。

贞观十四年(640 年)闰十月二十三日,吐蕃(tǔ bō)[②]首领赞普[③]派他的丞相禄东赞向唐朝进献 5000 两黄金以及几百种珍玩器皿,请求通婚。李世民答应将文成公主[④]许配给他。

贞观十七年(643 年)正月十五日,李世民对大臣们说:“听说外面士大夫传言太子李承乾有足疾行走不便,魏王李泰聪颖悟性高,由于李泰多次跟随朕游幸,便突生疑义,一些别有企图的人,已有附会其法的。太子虽然有足疾,但并不妨碍行走。而且依据《礼记》:嫡长子死,应立嫡长孙。李承乾的儿子已经五岁,朕终究不会以庶子取代嫡子,来开启觊觎皇位的源头。”

起初,太子李承乾贪恋声色,喜欢打猎,极为奢侈,害怕被父皇李世民知道,便对东宫臣僚时常谈论忠孝,有时甚至还要流泪,回到东宫,常与一群小人戏耍狎玩。宫中臣僚有人试图劝谏,太子先揣摸出他的意思,然后迎上前去行礼,面色凝重,正襟危坐,引咎自责,言辞颇多狡辩,进谏的臣僚急忙拜答,无暇再行劝。东宫内部的秘密,外人无法得知,所以当时议论时颇多称赞之词。

李世民越来越不喜欢李承乾,李承乾也知道,动辄几个月称病不去朝见;暗中豢养刺客纥干承基等人及 100 多名壮士,想要杀掉魏王李泰。

---

① 李渊第十一子。

② 古代藏族自称。

③ 吐蕃国王松赞干布。

④ 唐皇室远支,任城王李道宗之女。

四月初一，纥干承基上书告发太子谋反。初六，李世民下诏废黜太子李承乾为平民，幽禁在右领军府中。

太子李承乾被废后，李世民亲御两仪殿，群臣都退朝，只留下长孙无忌、房玄龄、李世勣、褚遂良四人，李世民对他们说："朕的儿子、弟弟，如此作为，朕的心里实在是苦闷、百无聊赖。"于是将身体向床头撞去，长孙无忌等人争抢上前抱住他；李世民又抽出佩刀想要自杀，褚遂良夺下刀交给晋王李治。长孙无忌等请求李世民告知有什么要求，李世民说："朕想要立晋王为太子。"长孙无忌说："臣等谨奉诏令；如有异议者，臣请求将其斩首。"李世民对李治说："你舅父许诺你为太子，你应当拜谢他。"李治拜谢长孙无忌。

初七，李世民下诏立晋王李治为皇太子，李世民亲临承天门楼，大赦天下，饮宴三天。李世民对身边大臣说："朕如果立李泰为太子，那就表明太子的位置可以苦心经营而得到。从今往后，太子失德背道，而藩王企图谋取的，两人都要弃置不用，这一规定传给子孙后代，永为后代效法。而且李泰为太子，则李承乾和李治均难以保全，李治为太子，则李承乾与李泰均安然无恙。"初十，李世民下诏任命长孙无忌为太子太师，房玄龄为太傅，萧瑀为太保，李世勣为太子詹事，萧瑀、李世勣同为同中书门下三品。

五月二十五日，太子李治上表章说："李承乾与李泰只有随身几件衣服，饮食也不对口味，幽禁忧愁可怜，请求敕令有关官署优待他们。"李世民应允。

贞观十八年(644 年)四月，李世民亲临两仪殿，皇太子李治在身旁侍奉。李世民对众大臣说："太子的性情，外面的人可曾听说过吗?"司徒长孙无忌说："太子虽然没有出过宫门，天下人无不敬仰其德行。"李世民说："朕像太子这个年龄，不能够循规蹈矩，照常规办事。李治自幼就待人宽厚，古谚说生男孩如狼，还担心他像羊一样。希望他稍大些，自然有所不同呀。"长孙无忌说："陛下神明英武，乃是拨乱反正的大才；太子仁义宽厚，实是守成修德之才，志趣爱好虽然不同，但也各当其职分，此乃是皇天保护大唐而又降福于万民百姓。"

贞观十九年(645 年)二月十二日，李世民亲自统率各路大军从洛阳出发东征，任命特进萧瑀为洛阳皇宫的留守。十七日，李世民下诏："朕从定州发兵后，便由皇太子李治监国。"

十月，李世民东征高丽回朝。二十一日，李世民听说皇太子李治出迎回朝大军即将到达，便带领护卫飞骑3000人飞奔进入临渝关[①]，途中与太子相逢。李世民从定州出发时，曾指着身上穿的褐色战袍对太子说："等再见到你时，我才可以换下战袍。"在辽左[②]，即使盛夏酷暑汗流浃背，李世民也不换下这身战袍。到了秋天，穿着露风，身边的人请求李世民换掉衣服，李世民说："战士们的衣服都很破旧，唯独我穿上新的，这样行吗？"至此时，太子李治递上新衣服，李世民才换上。

太子入侍识武媚

十二月初七，李世民背上长痈疽，坐着轿子前行。十四日，到达并州[③]，太子李治为父皇李世民吸吮痈毒，扶着轿子步行几日。十七日，李世民背上毒痈渐好，文武百官齐声恭贺。

贞观二十年(646年)三月。李世民的病尚未痊愈，需静养一段时间。初八，诏令朝中军国大事一并委托皇太子李治处理。于是太子每隔一日便在东宫处理政务，事情一毕就进入皇宫侍候父皇李世民服药用膳，不离身边左右。李世民命令太子出外游玩，太子辞谢不愿出宫；李世民便在寝殿旁设置别院，让太子居住。褚遂良请求太子每十天回东宫一次，与太师太傅们讲论道义，李世民依准。

李世民染病时，"上(李治)在东宫。因入侍。悦之。"[④]说的就是，李治还在东宫当太子时，入宫侍奉父皇李世民，就喜欢上了武则天。乃至"交会于小轩僻处"，只是瞒着李世民而已。

那情景大致是：李世民身体不适，李治入宫伺候汤药，正碰上媚娘(武则天)也在一旁侍奉。李治见媚娘长得貌美迷人，不禁心旌摇荡。想要私下与她接触，未得方便。恰巧李治起身如厕，媚娘用金盆端着水，跪着让李治洗涮。李治洗手时故意将水洒在媚娘的衣服上，并且挑逗地吟诵道："乍忆巫山梦里魂，阳台路隔岂无闻。"媚娘也不怯场，随即和道："未羡锦帐风云会，先沐金盆雨露恩。"诗中"巫山云雨"、"阳台梦"皆是男女欢好之典，且"风云会"、"雨露恩"也均系调情之语。

---

① 今河北秦皇岛山海关。
② 辽东的别称。
③ 今山西太原。
④ 出自《唐会要》。

李治十分欣喜地说："看你如此有才华，又美貌，真的让我心仪。"于是起身拉着媚娘的手，来到宫中没有人的地方，让武则天脱了内衣，成就了云雨之欢……不一时二人云收雨散。媚娘哭着对李治说："我侍奉殿下，感激承受殿下的厚爱。今天承蒙殿下的恩典，所以违法犯了私通的罪过。如果以后殿下登上皇帝之位，那么，您将如何安置我？"李治听她这么说，发誓说道："等到我当了皇帝，即册封你为皇后。如果违反诺言，上天也不会容我。"媚娘说："口说无凭，须留下信物。"李治于是解下随身携带的羊脂玉手环赠给她，媚娘叩首而谢。

此时，武则天入宫已近十年，对后宫诸事已经很清楚了，但她依旧是个才人，没有得到升迁。据说武则天最初入宫时，李世民非常宠爱她，赐名曰"武媚"，但不久便将她冷落一边。李世民本是一个武人，但偏偏喜欢温柔和顺的女人，而武则天恰恰相反，从小就比较果断有主见，也许与她"女扮男装"的经历有关，抑或是武则天内心表露出来的强势，让李世民感到不安，甚至可怕。尽管武则天也作了很大努力来改变，但是无济于事。武则天决不服输，也不甘心一辈子只当一个"才人"，眼见李世民病入膏肓，日薄西山，已无回天之术，能够攀上未来的新主子，自然是天大的好事。这个千载难逢的机会，她决不会轻易放过，也不容她再有丝毫犹豫，她当机立断，而且十分主动地上了李治的"贼船"。在那一刻，什么道德纲常，母子乱伦，统统被欲望和"缱绻"所吞没。武则天的这一献身举措，或者说是勾引之能事，无疑是她果断有主见性格的具体表现；也凸显出她敢想、敢说、敢为、敢当的魄力；更是一千多年前一般女性不会也不敢涉足的禁地。这年，武则天 23 岁，李治 19 岁。俗话说："女大三，抱金砖；女大四，福寿至。"看来古时候就有这种讲究。

第三章

唐太宗驾崩含风殿　武才人削发尼姑庵

贞观二十二年(648年)正月初八,李世民写成《帝范》12篇赐给太子。李世民对李治说:"修身治理国家的道理,都在这12篇之中了。我一旦逝去,也没有别的话可说。"

谶语秘传兴女主

当初,左武卫将军、武连县公、武安[①]人李君羡掌管玄武门宿卫,当时金星多次在白天出现,太史占卜说:"女主将兴起。"民间又广传《秘记》中言:"唐朝三代之后,女主武王取代李氏据有天下。"李世民听后十分不悦。正赶上李世民在宫中与众位武将饮宴,行酒令,让每个人各讲小名。李君羡自称小名"五娘",李世民非常惊讶,进而笑着说:"什么女子,竟这么勇健!"又因为李君羡的官衔、封爵、籍贯都有一个"武"字,李世民更加厌恶,随后让他出任华州刺史。有个布衣名叫员道信,自称能够不进饮食,通晓佛法,李君羡非常敬慕和相信他,多次与他形影相随,窃窃私语。御史上奏称李君羡勾结妖人,图谋叛乱。十三日,李君羡因此被定罪处斩,全家被抄没。

李世民曾秘密地问太史令李淳风:"《秘记》上所说的谣传,真有其事吗?"答

① 今河北武安。

道:“我仰观天象,俯察历数,这个人现在已在陛下宫中了,是陛下亲属,从今往后不超过30年[①],这个人当做天下的君王,并将大唐皇室子孙杀得不剩几个,其征兆已经形成了。”李世民说:“凡是有怀疑的统统杀掉,怎么样?”李淳风答道:“此乃天命,人们不能够违抗。未来称王的人死不了,反而白白地杀死无辜。而且30年后,那个人也已经老了,也许该存有慈善心肠,祸害可能会小些。如今即使找到此人将其杀死,老天或许会降生更加强壮的人大肆发泄怨恨,恐怕陛下的子孙就不能幸免了。”李世民于是不再过问此事。

40年后,即载初元年(690年),武则天果然废睿宗李旦,正式称帝。此是后话。

司空、梁文昭公房玄龄病情加重,李世民亲自去探视,握着房玄龄的手与他告别。二十四日,房玄龄去世,终年71岁,谥号“文昭”。

遗诏李治继皇位

贞观二十三年(649年)三月十七日,李世民支撑病体到显道门外,大赦天下。二十三日,李世民敕令太子李治在金掖门听政。

五月十八日,李世民病情加重,上吐下泻,太子李治昼夜不离身边,有时一连几日不进食,有的头发已变白。李世民流着眼泪说:“你这么孝顺我,我死了还有什么遗憾!”二十四日,李世民病情危急,召长孙无忌到含风殿。二十六日,又召长孙无忌与褚遂良,对他们说:“朕如今将后事全都托付给你们。太子仁义孝敬,诸位也都知道的,望诸位善加辅佐教导!”对太子说:“有无忌、遂良在,你不用为大唐江山担忧!”又对褚遂良说:“无忌对朕竭尽忠诚,朕能拥有大唐江山,无忌出力较多,朕死之后,不要让小人进谗言挑拨离间。”于是令褚遂良草拟遗诏。这一天,李世民驾崩于长安翠微宫含风殿,终年52岁。

李世民有后妃约13人:皇后长孙氏;徐贤妃、韦贵妃、燕德妃、阴妃、郑贤妃、杨妃、杨婕妤、武才人、韦尼子、萧美人、崔才人、萧才人、王氏。共育有14个儿子和21个女儿。

李世民文治天下,虚心纳谏,厉行节约,使百姓休养生息,开创了历史上著名的“贞观之治”。

---

① 《新唐书》说40年。

李世民去世前，没有要求后妃殉葬，却将王羲之的书法真迹《兰亭序》作了殉葬品。李世民生前酷爱《兰亭序》，将它挂在旁边，不论早晚都要欣赏把玩。他曾嘱咐李治说："我去世之后，将兰亭序让我带去。"太宗病逝后，李治将《兰亭序》用玉匣盛着，随葬在太宗昭陵墓内。

唐代吴兢赞颂李世民的功绩时说："太宗时政化，良足可观，振古而来，未之有也。"[①]然而，李世民临终前终究无法除去"女武之人"，给李氏家族留下了极大的隐患。

李世民去世后，太子李治悲痛欲绝，长孙无忌抹去眼泪，请求太子处理众事以安朝内外，太子不停地哀号，长孙无忌说："皇上将宗庙社稷交付给殿下，怎么能效法一般人只知道哭泣呢？"二十九日，朝廷在太极殿发丧，宣李世民遗诏，太子李治即皇帝位。军国大事，照常办理；平常琐细事务，委托给有关官署。

武媚削发当尼姑

六月初一，太子李治正式即位，是为唐高宗，时年22岁，大赦天下。改民部尚书为户部尚书。先前，"世民"二字，令天下不连在一起写的不用避讳；到了此时，开始更改犯先帝名讳的官名。李世勣因而改名李勣。

李世民去世以后，按照当时唐朝宫廷的风俗，武则天和一些没有子嗣的嫔妃都进入感业寺剃发成为尼姑。以示洁身自持，为先帝念经祈福。

感业寺是唐代禁苑内的皇家寺庙。武则天虽然人到了感业寺，但是心里一直牵挂着李治，两个人的联系也没有中断，李治经常借机前来感业寺看望武则天。这年，武则天26岁。

八月初四，百官给李世民上谥号为文皇帝，庙号太宗。初十，李治下诏司徒、扬州都督、赵国公长孙无忌为太尉，兼检校中书令，掌管尚书、门下二省事务。长孙无忌执意辞退掌管尚书省，李治允许，于是命他为太尉、同中书门下三品。二十日，任命李勣为开府仪同三司、同中书门下三品。

二十八日，朝廷葬李世民安葬于昭陵，与长孙文德皇后合葬。

---

① 出自《贞观政要》。

李治挥泪斩六亲

永徽元年(650年)正月初一,改年号为永徽。初六,李治立妃子王氏为皇后。皇后是王思政[①]的孙女。封皇后的父亲王仁祐为特进、魏国公。委任陈王李忠为雍州牧。十九日,任命张行成为侍中。二月,封皇子李孝为许王,李上金为杞王,李素节为雍王。

李忠(643～665年),字正本,李治长子,母亲是宫人刘氏。李孝(?～664年),李治次子,郑氏所生。李上金(?～690年),李治第三子,宫人杨氏所生。李素节(646?～689年),李治第四子,萧淑妃所生。

永徽三年(652年)二月十一日,李治任命同州刺史褚遂良为吏部尚书、同中书门下三品。七月初二,立陈王李忠为皇太子,大赦天下。王皇后没有子嗣,柳奭[②]为王皇后谋划,因李忠生母刘氏出身微贱,劝说王皇后立李忠为太子,希望他能亲近自己;对外面则暗示长孙无忌等人,让他们向李治请求立李忠,李治依从。初十,任命于志宁兼任太子少师,张行成兼任太子少傅,高季辅兼任太子少保。九月,任命代理中书侍郎来济为同中书门下三品。

唐高宗李治画像

李治即位后,李世民的女儿高阳公主让房遗爱与兄长房遗直相互诉讼分财产,房遗爱因此获罪,降职任房州刺史,房遗直为隰(xí)州刺史。此外,僧人智勖(xù)等几个人私下侍奉高阳公主,高阳公主让掖庭令陈玄运窥探皇宫内祈求鬼神祸福之事。

先前,驸马都尉薛万彻[③]获罪被除去名籍,降职为宁州刺史,到朝廷来,与房遗爱十分亲近,都对朝廷有所怨言,进而与房遗爱谋划立李渊第六子荆王李元景为君王,李世民第七女巴陵公主驸马都尉柴令武也与其串通。皇上李治令长孙

① 西魏大将。

② 王皇后舅父。

③ 李世民妹妹丹阳公主驸马。

无忌审问其事，又得到房遗爱与高阳公主谋反的证据。

司空、安州都督、吴王李恪[①]的母亲，是隋炀帝的女儿杨氏。李恪文武全才，李世民常常觉得李恪长得像自己，想要立他为太子，长孙无忌极力争辩才作罢，由此李恪与长孙无忌关系恶化。李恪平素名望较高，为人心所向，长孙无忌非常忌恨他，想要找借口诛灭李恪以断绝众望。房遗爱得悉实情后，便自称与李恪是同谋，希望像当年纥干承基密告太子谋反那样得免一死。

永徽四年(653年)二月初二，李治诏令将驸马都尉房遗爱、薛万彻、柴令武处斩，荆王李元景、吴王李恪、高阳公主、巴陵公主一并赐他们自尽。

李治流着泪对身边的大臣说："荆王是朕的叔父，吴王是朕的兄长，想求他们不死，可以吗?"兵部尚书崔敦礼认为不可，于是将他们处死。薛万彻临刑前大声言道："薛万彻也算是个豪杰，留着为国家效力，岂不是更好吗？只因受房遗爱牵连就要杀吗!"吴王李恪临死的时候大骂道："长孙无忌擅弄威权，残害忠良，假如宗庙有灵的话，会在不久后灭他一族。"初三，侍中兼太子詹事宇文节，特进、太常寺卿、江夏王李道宗，左骁卫大将军、驸马都尉、突厥人执失思力[②]，均因与房遗爱勾结串通而获罪，流放到岭表[③]。

首称女皇陈硕真

十月二十七日。起初，睦州[④]女子陈硕真用妖术筮言来蛊惑民众，她与妹夫章叔胤举兵反唐，自称文佳皇帝，任命章叔胤为仆射。一天夜里，章叔胤率领兵众攻打桐庐[⑤]，最后攻陷了桐庐。陈硕真撞钟烧香，领兵2000人攻陷了睦州於潜县[⑥]。又进攻歙州[⑦]，未能攻下。李治敕令扬州刺史房仁裕征调军队讨伐。陈硕真派其同伙童文宝率领4000人进犯婺州[⑧]，朝廷派刺史崔义玄征调兵力进行抵御。当时，民间百姓盛传陈硕真有神灵，触犯其军队者必遭灭族之灾，因此士

① 李世民第三子。
② 尚娶李世民妹妹九江公主。
③ 今福建、广东地区。
④ 今浙江杭州淳安。
⑤ 今浙江桐庐西。
⑥ 今浙江临安西。
⑦ 今安徽歙县。
⑧ 今浙江金华。

兵们十分恐惧。司功参军崔玄籍说："起兵倚仗正道，尚且不一定能最后获得成功，何况凭借妖术，岂能长久！"崔义玄任命崔玄晖为前锋，自己率领本州兵马跟随其后，到达下淮戍[①]，遭遇陈硕真的部众，双方展开激战。陈硕真大败溃逃。几千人被杀，投降的人数以万计。十一月初二，房仁裕的军队合围包抄，抓获陈硕真、章叔胤并将他们斩首，余党全部平定。崔义玄以此战功官拜御史大夫。

文佳皇帝陈硕贞

现代史学家翦伯赞称陈硕真为"中国第一个女皇帝"。陈硕真称帝比武则天早了约 37 年。

① 今浙江桐庐东北。

第四章

祭先帝李治念故旧　承皇恩昭仪封皇后

永徽五年(654 年)三月十四日,李治追赠武德朝功臣屈突通、武士彟等 13 人的官爵。这时,萧淑妃得到了李治的宠幸,王皇后十分妒忌。

皇后引狼入后宫

自李世民驾崩,武则天进入感业寺当尼姑。在感业寺,武则天写了一首叫《如意娘》的诗,“看朱成碧思纷纷,憔悴支离为忆君。不信比来常下泪,开箱验取石榴裙。”诉说了对皇上李治的思念之情。

武则天的情商、智商都很高。仅此一首七言绝句,就被后人赞誉为诗人,这样的情商,不仅倾倒了皇上李治,之后的大诗人李白也甘拜下风。在李白的《前有一樽酒行二首》诗句“催弦拂柱与君饮,看朱成碧颜始红”中就借用了武则天“看朱成碧”的句子。武则天借助于高超的情商,将智商也发挥到了极致。

王皇后因久无子嗣而渐渐失宠,萧淑妃恩宠加身,皇后心中不悦,一直希望有人能帮助她对付萧淑妃。皇后探知李治与武则天的私情,便让武则天悄悄蓄发,另一方面劝说李治接武则天入宫。李治听后正中下怀,不久便召武则天入宫。王皇后这一引狼入室的计谋,不仅没有让她战胜萧淑妃,反而让她和萧淑妃一起断送了性命。此是后话。

武则天机敏聪慧,善施权术,刚进宫时,侍奉王皇后十分谦恭有礼;王皇后十分喜欢她，多次在李治面前称赞武则天。不久武则天大得宠幸，拜为昭仪[1]，而王皇后与萧淑妃均失宠，两人又一同诬告武则天，李治均不予理睬。

之前在永徽三年十月时，李治第五子、武则天长子李弘出生。这年，武则天29岁。

根据有关史料推断：武则天应该是在感业寺里就怀妊了李弘[2]，眼见快包不住了，李治才召武则天入后宫。否则李弘会像隋文帝杨坚一样出生在寺庙里。这为她再次入宫创造了绝好的条件。

随着儿子李弘的诞生，武则天终于有了“母以子贵”的资本，同时也有了施展自己能力的舞台。很快她就将压抑已久的青春活力全部爆发出来，彻底征服了皇上李治，并开始图谋王皇后和萧淑妃。武则天凭借自己的聪明才智和多年的宫廷经验，牢牢把握住了争宠的主动权。这不仅让王皇后始料未及，萧淑妃更是一头雾水。几乎一夜之间后宫发生了可怕的变化：王皇后从“乌眼鸡”，变成了同盟者；武氏则从奴才，变成了“类主子”。皇上也像被摄去了魂魄一样，毫无主见，除了武则天，没有任何女人可以接近他。

六月，中书令柳奭因为王皇后失宠，内心很不安定，请求解除宰相的职务。十九日，李治罢黜柳奭中书令，改任吏部尚书。

王皇后、萧淑妃与武则天之间相互诬告诽谤，李治不相信王皇后和萧淑妃的话，唯独信任武则天。王皇后不会曲意侍奉李治身边的人，而她的母亲魏国夫人柳氏，以及舅父、中书令柳奭进见六宫妃嫔，又都不讲礼节。武则天发现王皇后所讨厌的人以后，便与他们倾心相交，所得到的赏赐也要分给他们。因此王皇后与萧淑妃的一举一动，武则天都了解得清清楚楚，并且都一一告知皇上。

毒手掐死亲生女

这时，本来就失宠的王皇后处境更糟，但李治并没有废黜她的想法。正巧此时武则天生了一个女儿[3]，王皇后十分怜爱并逗弄她玩，王皇后刚走，武则天趁周围没人，便将亲生女儿掐死，又盖上被子。正好李治来到，武则天假装欢笑，掀

---

① 正二品，皇后、淑妃都是正一品。

② 林语堂在《武则天正传》中也这么认为。

③ 安定公主，大约生于永徽四年末或永徽五年初。

开被子一同看女儿，发现女儿已经死了，武则天大声哭闹。责问身边的人是怎么回事，身边的人都说："皇后刚刚来过这里。"李治勃然大怒，说："皇后竟然杀了我的女儿！"武则天借机一边哭泣，一边数落王皇后的罪过，王皇后无端受冤，但却有口难辩。李治从此有了废黜王皇后立武则天的打算。又担心大臣们不服，于是便和武则天一道临幸太尉长孙无忌的家，宴饮十分尽兴，席间李治将长孙无忌宠姬的三个儿子都拜为朝散大夫[①]，又命人装载金银财宝、锦缎丝绸等共十车赐给长孙无忌。李治趁机说王皇后没有子嗣，以此来暗示长孙无忌，长孙无忌王顾左右而言他，竟然没有顺从李治的旨意，李治和武则天两人很不愉快地结束了这场酒宴。之后，武则天又让自己的母亲杨氏到长孙无忌家中多次请求，长孙无忌最终还是没有答应。礼部尚书许敬宗也曾多次劝说长孙无忌同意立武则天为后，长孙无忌正言厉色地斥责了他。

十二月十七日，李治从京城出发拜谒昭陵，武则天在路上生下皇子李贤[②]。这年，武则天 31 岁。

永徽六年(655 年)正月十九日，立皇子李弘为代王，李贤为潞王。二月初五，皇太子李忠行加冠戴冕之礼。

三月，武则天著《内训》一篇。《内训》是宫女的行为规范和准则，一般由皇后来制定。此时，武则天虽然还只是昭仪但她的实际地位已经超越了王皇后。

六月，武则天诬陷王皇后和她的母亲魏国夫人柳氏求巫施"厌胜术"来诅咒自己，李治敕令，禁止王皇后母亲柳氏进入宫内。

唐朝因袭隋朝制度，后宫有贵妃、淑妃、德妃、贤妃，都是正一品。李治想要特别设置一个宸妃，封给武则天，大臣韩瑗、来济谏阻，认为无旧例可循，于是作罢。但是不久，武则天还是"进号宸妃"。

武则天就是这样，靠着娇柔和美貌，靠着并不年轻却依然充满激情的身体，或许还靠着从感业寺的冷漠到重返宫廷后激活了的狂热，一步一步彻底"霸占"了李治，使他成为自己不折不扣的代言人。

长孙无忌很讨厌中书舍人、饶阳[③]人李义府，将他降职为壁州[④]司马。敕令

---

① 从五品官。

② 武则天次子，李治第六子。

③ 今河北饶阳。

④ 今四川通江。

还未到达门下省，李义府已经暗中得知消息，便向中书舍人王德俭问计，王德俭说："皇上想要立武昭仪为皇后，正在犹豫不决，担心宰相们会有异议。如果你能提议立武昭仪为后，你就转祸为福了。"李义府言听计从。这一天，李义府代替王德俭在宫里值宿，叩门向李治上表奏章，请求废掉王皇后，立武昭仪为后，以满足黎民百姓的愿望。李治十分高兴，亲自召见李义府，赐给珍珠一斗，将他留下官居原职。武则天又暗中派人慰劳他，不久破格提拔为中书侍郎。在此之后，卫尉卿许敬宗、御史大夫崔义玄、御史中丞袁公瑜都暗中向武则天表达效忠之心。

八月，长安县令裴行俭听说皇上将要立武则天为皇后，认为国家的祸患必定从此开始，就和长孙无忌、褚遂良等私下议论此事。袁公瑜听说后，将这一情况告诉武则天的母亲杨氏，裴行俭因此获罪，被贬职为西州[①]都督府长史。九月初一，李治任命许敬宗为礼部尚书。

王德俭、李义府、袁公瑜都是官场拍马老手，极其奸诈，能够准确揣测皇上的心思，投其所好，谄媚巴结，很快就扭转了不利局面。相比之下，裴行俭等人就显得过于实在，政治上不够成熟，以致遭到贬谪。

李治决心换皇后

九月的一天，李治退朝后，宣召长孙无忌、李勣、于志宁、褚遂良进入内殿。褚遂良说："今天皇上宣召我们，多半是为了立皇后的事，皇上的主意既然已经定了，违抗者必定是死罪。太尉长孙无忌是元舅，司空李勣是功臣，不可以让皇上承担杀元舅和功臣的坏名声。我褚遂良乃是从平民起家，没有大的功劳，能有今天这个地位，而且受先帝托孤，不以死谏诤，无颜去见先帝！"李勣称病没去内殿。长孙无忌等人来到内殿，李治对他们说："皇后没有子嗣，武昭仪有，所以朕想立武昭仪为皇后，你们认为如何？"

李治为了立武则天为皇后，已经费了很大周折，到了这个时候，他拿出了皇帝的绝对权威，让大臣们表态。褚遂良答道："皇后出身名门，又是先帝为陛下娶的。先帝临驾崩的时候，拉着陛下的手对臣说，'朕的好儿子好儿媳，如今就托付给你了。'这些话都是陛下亲耳听到的，言犹在耳。未曾听说皇后有什么过错，怎么能够轻易废掉呢！臣不敢曲意顺从陛下，以违背先帝的遗愿！"李治听了很不

---

① 今新疆吐鲁番东南高昌故城。

高兴，只好作罢。

第二天，李治又言及此事，褚遂良说："如果陛下一定要换皇后，臣请求在全国的世家望族中遴选，何必非立武昭仪不可。武昭仪曾经侍奉过先帝，这是众所周知的，天下人的耳目怎么能遮掩呢？千秋万代之后，人们又将如何评价陛下呢？愿陛下三思而后行！臣今日触怒陛下，罪该处死。"说完将朝笏放在殿内的台阶上，解下头巾磕头直到血流满面还说："还给陛下朝笏，乞求放臣回老家去。"李治勃然大怒，命人将他带出去。武则天在隔帘后面大声说道："为何不就地杀了这老东西！"长孙无忌说："褚遂良是先朝顾命大臣，有罪也不能加刑。"太傅于志宁则站在一边不敢说话。

这时的李治一心想换皇后，正直的大臣冒死劝谏，他根本听不进去。很难想象当时的李治何以如此昏庸，与大臣议论立废皇后事宜，竟然容忍武则天隔帘悉听；武则天也是狂妄至极，当面唆使皇上诛杀先朝顾命大臣。

宰相韩瑗找个时机呈上奏疏，流着眼泪极力劝阻废黜王皇后，李治不予理睬。第二天韩瑗又来劝谏，悲伤得不能自已，李治命人将他带出去。韩瑗又上奏疏劝谏道："一般的夫妇，还要相互选择以后才结合，何况天子呢？皇后乃是天下妇女的仪范，善恶皆由她而生，所以说嫫（mó）母辅佐黄帝，妲己（dá jǐ）倾覆殷商，宗周，就灭在褒姒之手。臣每次观览前朝史事，常常会有感慨，没想到今天圣明之世也会遭到玷污。做事不依法度，后世将会如何看呢！恳请陛下再三考虑，不能让后人讥笑。如果臣下的话有益于国家，即便被剁成肉酱，臣也死得其所！"

中书令来济上表章劝谏说："皇上册立皇后，应当依天地之理，必须遴选名门礼教之家的淑女，幽雅娴静，贤淑美好，才能符合众人的愿望。希望陛下明察！"这几位大臣都不同意立武昭仪为皇后，李治对这些谏言也都不予采纳，事情就这么一直僵持着。

又一天，李勣进宫拜见李治，李治问他："朕想要立武昭仪为皇后，褚遂良固执己见认为不可以。褚遂良是顾命大臣，他反对，那么事情就不能做吗？"李勣回答说："这是陛下的家事，何必又去问外人呢！"礼部尚书许敬宗在朝中扬言道："庄稼汉多收了十斛麦子，还想着要换个老婆呢？何况天子要立皇后，人们又何必管那么多事呢？"武则天让身边的人将此话讲给李治听。初三，李治将褚遂良贬为潭州都督。

李勣"家事"和许敬宗"十斛麦子"的论调，终于促使李治下定决心，立武则天为皇后。

十月十三日，李治下诏说："王皇后、萧淑妃因为阴谋用毒酒杀人，被废黜为平民。她们的母亲、兄弟一并被削除官爵，流放到岭南。"

十九日，百官上奏表请求立武昭仪为皇后，于是李治下诏说："武氏出生于有大功劳的官宦之家，过去因为才德品行出众而被选入后宫，声望誉满后宫，品德光照宫闱。朕当太子时，武氏因为朕已故母亲的关系，时常侍从先帝，日夜不离左右，在后宫中经常检点自己的行为，妃嫔之间未曾闹矛盾。先帝看得很清楚，时常赞赏，于是将武氏赏赐给朕，就像汉宣帝将宫女王政君赏赐给了皇太子一样，武氏可以立为皇后。"这年，武则天 32 岁。

二十一日，大赦天下，武则天上表说："陛下从前准备封我为宸妃，韩瑗、来济在朝廷当面规劝。这种做法是难能可贵的，这也说明他们是一心一意为了国家吗，请给他们表彰和赏赐。"李治将武则天的奏表给韩瑗等人看，韩瑗等人非常害怕，一再请求辞职，李治不允许。

十一月初一，李治让司空李勣携带印玺在殿前册封武则天为皇后。当天，百官朝拜皇后武则天于肃义门。

武则天画像

武氏残暴杀后妃

武则天被立为皇后，原皇后王氏、原淑妃萧氏，一同被囚禁在后宫别院。李治曾思念她们，私下去囚禁她们的地方，看见囚室封闭得极为严密，只在墙壁上凿开一个小洞以便送食物的器具能进出。李治为她们感到悲伤，呼喊道："皇后、淑妃你们在哪里?"王氏哭泣着回答说："我等获罪已成宫中的奴婢，哪里还有后、妃尊贵的称号啊!"又说："皇上如果念及从前的情分，让我等再见天日，请命名这个院子为回心院。"李治说："朕即有所安排。"武则天听说后，大怒，派人杖打王氏和萧氏各 100 棒，砍去手足，投入酒瓮中，说："让这两个女人的骨头都喝醉!"几天后王氏和萧氏死了，又被砍下脑袋。武则天虐杀王皇后和萧淑妃的手段极其残忍，很类似汉朝吕后虐杀戚夫人，堪称"准人彘"。

当初，王皇后听到宣布处置她们的命令时，拜了两拜说："愿皇帝万岁！武昭仪能够承蒙皇恩，死自然是我的本分。”萧淑妃则大骂道：“阿武邪恶狡诈，竟然到了这种地步！愿来生我变为猫，阿武变为鼠，我活生生地掐住她的咽喉！”从此武则天下令，宫中不准养猫。不久又将王氏的姓改为蟒氏，萧氏改为枭氏。武则天多次梦见王氏和萧氏阴魂作祟，披着头发，浑身滴血，如同她们死时的模样。后来武则天把住所搬到了蓬莱宫，还是看见同样的情形，所以她多住在洛阳，终身不回长安。

王皇后死时只有23岁。萧淑妃在李治还是太子时就进入东宫，封为良娣。为李治生下一子两女，即第四子许王李素节和义阳公主、高安公主。

奸臣上奏废李忠

初三，许敬宗上奏说：“永徽初年，还未立太子，暂时利用彗星，越位升到日月的位置，近来皇后生育了皇子，嫡嗣就像神一样地降临了，阳光照耀，小火把[①]应该熄灭。怎么能违反树枝和树干的关系，长期在朝廷中变换位置，颠倒穿着上下衣，使他居于嫡长子的地位！再说，父子之间的事情，外人很难说得清楚，这些话或许会触犯皇上，也许会受到惩罚，但是即便将我煎熬成油膏来涂抹鼎器，我也甘心。”李治召见许敬宗，询问他的意见，他回答说：“皇太子是国家的根本，根本还不正，无法维系天下人的心。而现今的太子，是微贱之人所生，如今得知国家已有真正的嫡长子，他的心里一定不安。窃居太子的地位而自己心生疑惑，恐怕不是宗庙之福，恳请陛下深入考虑。”李治说：“太子李忠自己已经愿意让位。”许敬宗说：“他能做周代先人自愿让位的太伯，希望立刻答应他。”很明显，许敬宗的一番话就是请求立武则天的儿子为太子，以此来讨好武则天。

永徽七年、显庆元年(656年)正月初六，唐朝降封皇太子李忠为梁王、梁州刺史；立武则天的儿子，当时已经四岁的代王李弘为皇太子。初七，改元显庆。二月十七日，唐朝追赠武士彟为司徒，封周国公。

三月十七日，武则天在北郊举行祭祀蚕神[②]之礼。四月十四日，李治和武则天登上安福门城楼，观看僧人玄奘迎接由李治亲手撰文并书写的慈恩寺碑文。用天竺国(印度)佛教的法式仪仗来前导后从，信徒很多。

---

① 指李忠。

② 司蚕桑之神。

玄奘就是小说《西游记》中唐僧的原型。姓陈，名祎。

六月，歧州刺史、潞王李贤任雍州牧。十一月初五，武则天第三子李显在长安出生，李治下诏京官、各地进京朝见的使者各加勋级。这年，武则天33岁。

显庆二年(657年)正月十三日，李治巡视洛阳。二月十二日，封李显为周王。十四日，改封雍王李素节为郇王。十六日，任命潭州都督褚遂良为桂州[①]都督。三月二十五日，唐朝任命李义府兼中书令。五月十九日，宰相上奏说现在天下没有忧患，请皇上隔日治理政事，李治同意。

许敬宗、李义府为了迎合武则天的旨意，诬奏侍中韩瑗、中书令来济与褚遂良私下图谋不轨，他们授任褚遂良为桂州都督，是想利用他作为外援。

八月十一日，韩瑗因此被降职为振州刺史，来济被降职为台州刺史，终身不许朝见皇帝。又将褚遂良降职为爱州刺史，荣州刺史柳奭为象州刺史。十五日，唐朝任命礼部尚书许敬宗为侍中，兼度支尚书杜正伦为兼中书令。由此可见，但凡反对立武昭仪为皇后的人，后来都遭贬谪和流放；但凡支持者都得到了晋升和提拔。

① 今广西桂林。

第五章

除政敌国舅难自保　称二圣武后始临朝

显庆四年(659 年)四月初十,李治任命于志宁为太子太师。十九日,任命黄门侍郎许圉师为参知政事。

国舅遭贬被自杀

当初,武则天因为太尉、赵公长孙无忌受到优厚的赏赐而不肯帮助自己,十分怨恨他。在讨论废黜皇后时,燕公于志宁持中立态度,不肯发言,武则天也不高兴。许敬宗一再用陈述利害的办法想说服长孙无忌,但长孙无忌不听,还经常当面驳斥他,许敬宗因此也怨恨长孙无忌。等到武则天被立为皇后,长孙无忌内心愈加不安,武则天命令许敬宗寻找机会陷害长孙无忌。

这时,正遇上洛阳人李奉节告发太子洗马韦季方、监察御史李巢纠结宗派,李治命令许敬宗和辛茂将审讯他们。在许敬宗的逼问下,韦季方自杀,结果未死。许敬宗因此说韦季方想与长孙无忌诬陷忠臣和皇帝的近亲,使权力归于长孙无忌,以便寻找机会谋反,现在事情暴露,因此自杀。李治吃惊地说:“哪里会有这种事情呢! 舅父被小人离间,产生小的隔阂和猜疑是有可能的,但是哪里至于谋反!”许敬宗说:“我自始至终反复推断,谋反的情形已很明显,陛下还在怀疑,这恐怕不利于国家。”李治流着泪说:“我家不幸,亲属之中一再出现有叛变意图的人,往年高阳公主与房遗爱谋反,现在长孙无忌又这样,使朕愧见天下人。

这事如果属实怎么办?”许敬宗回答说:“房遗爱幼稚小子,和一个女子谋反,能成什么气候!长孙无忌和先帝谋划夺取天下,天下人都佩服他的智谋;担任宰相30年,天下人畏惧他的权威;如果有一天他悄悄地发动谋反,陛下派遣谁能抵挡他!希望陛下赶快拿定主意!”李治命令许敬宗进一步审查这件事。

二十二日,李治下令削除长孙无忌的太尉职务和封地,任命他为扬州都督,在黔州安置,按一品官的标准供应伙食。

这时许敬宗又上奏说:“长孙无忌图谋叛逆,是由褚遂良、柳奭、韩瑗串通煽动的结果,柳奭屡次串通后宫,图谋用毒酒杀人,于志宁也曾依附长孙无忌。”于是李治下令削除褚遂良、柳奭、韩瑗的官爵,同时免去于志宁的官职;派遣使者押送长孙无忌到黔州。长孙无忌的儿子、秘书监驸马长孙冲[①]等都被削除官爵,流放到岭南。褚遂良的儿子褚彦甫、褚彦冲被流放爱州,却在途中被杀。益州长史高履行因受到连累,被降职为洪州都督。

七月,唐朝命令御史往高州[②]追捕长孙恩[③],往象州[④]追捕柳奭,往振州[⑤]追捕韩瑗,全都上了枷锁押送京师,同时命令州、县,查抄他们的家产。二十七日,唐朝命令李勣、许敬宗、辛茂将与任雅相、卢承庆一起重新审查长孙无忌事件。许敬忠又派中书舍人袁公瑜等到黔州[⑥],再次审讯长孙无忌的谋反罪行,刚到那里就逼迫长孙无忌上吊自杀。李治命令将柳奭、韩瑗就地斩首。使者杀柳奭于象州。韩瑗已死,使者开棺验尸后返回。查抄这三家的家产,他们的近亲流放到岭南为奴婢。常州刺史长孙祥因与长孙无忌通信而获罪,被处以绞刑。

长孙无忌既有大功,却死于非命,终年63岁,天下人至今哀怜他。柳奭因是王皇后的舅父,为武则天所不容。韩瑗也被谮言所害。

八月初八,唐朝任命曾被降职到普州的刺史李义府兼任吏部尚书,同中书门下三品。朝中姓长孙和姓柳的官员,因为长孙无忌、柳奭的关系,被降职的有13人。高履行降职为永州刺史,于志宁降职为荣州刺史。从此政权归于武则天。

---

① 尚娶李世民第五女李丽质。

② 今广东高州。

③ 长孙无忌的同族弟。

④ 今广西象州。

⑤ 今海南三亚。

⑥ 今重庆彭水郁山镇。

这年，武则天 36 岁。

这年十月初三，皇太子李弘行加冠戴冕之礼，大赦天下，文武五品以上官员家中继承门户的子孙增加勋官一级，特许臣民尽情聚饮三天。

显庆五年(660 年)正月十五日，李治从东都洛阳出发；二月初十，到达并州。三月初五，武则天在朝堂宴请亲戚朋友和邻居，妇女则在内殿设宴，分发不同的赏赐。李治下令："并州 80 岁以上的，都授以郡君的封号。"

这一回，武则天算是衣锦还乡了，虽然她出生在利州，但并州毕竟是她的祖籍。她以母仪天下的身份，广泛宴请并赏赐亲属、乡邻，尤其对妇女，更是倍加亲切，籍此来提高自己的威望。

武后揽权险遭废

六月。房州刺史、梁王李忠年岁渐长，内心很不安。有时会私下穿上妇女的衣服以防刺客；又多次自己占卜凶吉，被人告发。七月初六，李治废黜他为平民。迁徙到黔州囚禁。

十月，李治因患风邪病两眼昏花头重，看不见东西，各部门上奏的事项，李治有时让武则天决断。武则天生性聪明机智，广泛阅读文史书籍，处理问题都符合李治的旨意。从此李治将国家政事委托给武则天，这样武则天的权势就与李治等同了。

十月初九，武则天的母亲、代国夫人杨氏改封为荣国夫人，品第一，位于王公的母亲、妻子之上。

显庆六年、龙朔元年(661 年)二月三十日，改年号龙朔。李治想亲征高句丽。后来由于武则天上表直言劝阻，李治下诏听从了她的意见。

五月，武则天请求禁止天下妇人饰演俳优[①]之戏，李治下诏同意。九月二十日，改封潞王李贤为沛王。这年，武则天 38 岁。

龙朔二年(662 年)六月初一，武则天第四子李旭轮[②]在蓬莱宫出生。七月一日，皇子满月，大赦天下。

八月十六日，唐朝任命许敬宗为太子少师、同东西台三品、知西台事。这年，

① 古代演滑稽戏杂耍的艺人。

② 即李旦。

武则天 39 岁。

龙朔三年(663 年)十月初一,李治命令太子李弘每五日一次在光顺门内视察各部门呈奏事情,比较小的事情都授权太子裁决。十二月二十一日,李治下令明年更改年号。

麟德元年(664 年)七月初一,李治下诏,麟德三年正月,将封禅泰山。当初,皇后武则天能委屈忍辱,顺从李治的旨意,所以李治排除不同意见,立她为皇后。等到武则天得志之后,恃势专权,李治想有所作为,常被武则天所钳制,李治非常生气。

此时的武则天,早已是野心膨胀,难以抑制,她不仅要控制皇帝李治,还要控制整个朝廷。不过她有点操之过急,急于求成,被李治所察觉,于是暗地里开始防范武则天,武则天也因此差点翻船。

有个道士叫郭行真,出入皇宫,曾为武则天施行用诅咒害人的“厌胜”邪术,太监王伏胜揭发了这件事。李治大怒,秘密召来西台侍郎、同东西台三品上官仪商议。上官仪进言说:“皇后专权自恣,天下人都不说她的好话,请陛下废黜她。”李治也认为应当这样,立即命令上官仪起草诏令。

李治左右的人跑去告诉武则天,武则天赶紧去找李治“涕泣陈请”。当时废黜武则天的诏令草稿还在李治手里,见武则天这副样子,他顿时羞惭畏缩,不忍心废黜武则天了,还怕她怨恨恼怒,哄骗她说:“我本来没有这个想法,都是上官仪给我出的主意。”

上官仪原先与王伏胜都曾侍奉已被废黜的太子李忠,武则天于是便指使许敬宗诬陷上官仪、王伏胜与李忠阴谋背叛朝廷。十二月十三日,上官仪被逮捕入狱,其子上官庭芝以及王伏胜都被处死,家财被查抄没收。这事之后,武则天更加公开揽权,无所顾忌。

看李治这个皇帝也太懦弱无能、优柔寡断了,诏书不发收起来也就罢了,偏偏还要将责任推给大臣,这一下把上官仪全家都给毁了。再看看,武则天早已将党羽安插到了皇帝身边,一有风吹草动,立即有人前来报告。这让武则天更加有恃无恐,就在面临被废的关头,她提前得到了消息,而且敢于迎刃而上,一哭二闹就迫使李治收回几乎下发的诏书。

上官仪被处死时 58 岁。他曾作诗《入朝洛堤步月》“脉脉广川流,驱马历长洲。鹊飞山月曙,蝉噪野风秋。”人们对他的死,感到痛心惋惜。

十五日，李治赐李忠在流放的黔州住地自尽。右相刘祥道因与上官仪友善，被免去相位，降职为司礼太常伯，左肃机[①]郑钦泰等朝廷官员被流放贬谪的很多，都因与上官仪有来往。

此后，李治每逢临朝治事，武则天都在后边垂帘听政，政事无论大小，她都要参与。天下大权，全归于武则天，官员升降、生杀，取决于武则天的一句话，皇帝像无所事事的清闲人一样，朝廷内外称他们为“二圣”。

李治晚年因中风身体不佳，天下大事全都托付给武则天。武则天随着年龄和阅历的增长，在政治上越来越成熟，手段上越来越狠毒。这年，武则天 41 岁。

---

① 尚书左丞相。

第六章

起杀心兄姊受残害　生恶意太子惹祸灾

麟德二年(665年)七月初一,唐朝改封殷王李旭轮为豫王。八月三十日,刘仁轨率领新罗、百济、耽罗①、倭国②四国使者从海路归来,准备与唐朝君臣在泰山会合,共同祭祀泰山,高丽也派遣太子福男前来陪祭。

二圣封禅气势宏

十月十五日,武则天上表说:"祭皇地祇时按照封禅原来的礼仪,太后在左边配享,而令公卿大臣执行祭祀之事,这在礼法上有不妥当之处,这次祭皇地祇,我请求率领宫廷内外有封号的妇女奠献祭品。"李治下诏:"祭社首③时,皇后第二个进献祭品,越国太妃燕氏④最后一个进献祭品。"

二十四日,李治下诏:"封禅坛上所设的上帝、后土神位,先前使用藁(gǎo)秸、陶匏等,均应改用茵褥、罍(léi)爵,以后郊祭也应照此办理。"又下诏令:"自今以后,郊、庙祭祀宴会,文舞用《功成庆善之乐》,武舞用《神功破阵之乐》。"有关封禅的规矩、程序一切议定之后,二十八日,李治、武则天从东都洛阳出发,随从

① 朝鲜半岛之济州岛的古称。

② 又称大和,今日本国。

③ 泰山的附属神山。

④ 燕德妃,李世民的妃子。

的文武官员和仪仗数百里不断。扎的营支的帐篷，绵延于原野。十一月二十日，李治、武则天来到濮阳[①]。

十二月初九，李治、武则天到达齐州[②]。十九日，李治、武则天从灵岩顿[③]出发，到泰山下，有关部门在山南筑圆坛，在山上筑登封坛，在社首山上筑降禅方坛。

麟德三年、乾封元年(666年)正月初一，李治祭祀昊天上帝于泰山之南。初二，李治登上泰山，亲自缄封玉册，上帝的玉册放在玉匮里，配帝的玉册放在金匮里，都缠上金绳子，封上金泥，加盖玉玺，藏入封禅专用的石匣中。初三，在泰山下面的社首山祭祀皇地祇，李治第一个献祭品。太监用手升起帷幔，武则天登坛第二个献祭品，帷幔和帐幕都用锦绣做成；斟酒、往俎豆中放祭品、登坛唱歌都用宫女。初五，李治登上朝觐坛，接受朝贺；大赦天下罪人，更改年号乾封。

所谓“封禅”，封为“祭天”，禅为“祭地”，古人认为群山中泰山为“天下第一山”，因此帝王应到泰山去祭过天帝，才算受命于天。武则天作为皇后参与封禅，这在历史上是第一次，并在此行前五年，李治和武则天就敕道士、东岳先生郭行真到泰山建醮照像，立下了“双束碑”。

十九日，李治、武则天从泰山出发，二十四日，到达曲阜，赠给孔子太师称号。又到亳州，拜谒老君庙，给老子上尊号为上玄元皇帝。三月十一日，李治、武则天回东都洛阳。四月初八，回到京师长安，拜谒太庙。

武后残忍害手足

起先，武则天的父亲武士彟娶相里氏，生儿子武元庆、武元爽；相里氏去世后又娶杨氏，生了三个女儿。长女武顺嫁给越王府法曹[④]贺兰越石，二女儿即武则天，三女儿嫁给郭孝慎。武士彟死后，武元庆、武元爽及武士彟哥哥的儿子武惟良、武怀运等都不依礼对待武则天生母杨氏，杨氏对他们一直怀恨在心。贺兰越石、郭孝慎和他的妻子都早死。武顺生儿子贺兰敏之和一个女儿后守寡。

武则天立为皇后，封母亲杨氏为荣国夫人，姐姐武顺封为韩国夫人，武惟良

---

① 古称帝丘，今河南濮阳。
② 今山东济南。
③ 济南名胜。
④ 司法官员。

为司卫少卿，武怀运为淄州刺史，武元庆任宗正少卿，武元爽提升为少府少监。荣国夫人杨氏曾设酒席宴请家人，对武惟良等说："你们还记得以前的事情吗？今天的荣耀贵显怎么样？"回答说："我们因是功臣的子弟，有幸很早就进入官吏行列，揣度名分衡量才能，不求富贵显达，没有想到因皇后的关系，得到朝廷如此的恩宠，日夜忧虑畏惧，并不感到荣耀。"荣国夫人听了很不高兴，告诉了武则天。武则天于是上书给李治，请求让武惟良等出任边远州的刺史，表面上是谦虚抑制自己的亲属，实际上是憎恶他们。李治任命武惟良为检校始州刺史，武元庆为龙州刺史，武元爽为濠州刺史。武元庆到龙州[①]后，因忧虑患病而死。武元爽因事定罪流放振州而死。武元庆是武三思之父，武元爽是武承嗣之父。

韩国夫人和女儿贺兰氏因与武则天的关系，出入皇宫中，两人都得到了李治的宠爱，武则天将她们视为情敌。韩国夫人不久后去世，贺兰氏被赐号为魏国夫人。李治想让她担任宫廷女官，因害怕武则天反对而没有决定，武则天因此憎恶她。恰好武惟良、武怀运与各州刺史到泰山朝见皇帝李治，跟随李治回到京师长安。武惟良等进献食品，武则天秘密地将毒药放入肉酱中，让魏国夫人吃，魏国夫人食后突然死亡，归罪于武惟良、武怀运。十四日，将二人处死，改他们的姓为蝮氏。当初武怀运的哥哥武怀亮早死，他的妻子善氏不能以礼对待荣国夫人，后来善氏被没入后宫为奴，荣国夫人让武则天找借口用成束带刺的树枝鞭打善氏，一直鞭打到肉烂见骨而死。这年，武则天 43 岁。

宫廷斗争如此冰冷残酷，在波谲云诡的变幻里，处身其间者必如履薄冰，不求有功，但求无过以保全自身。武则天从初入宫的冰洁单纯到如今的嗜杀成性，可见宫廷对人性心灵的扭曲之大。

李勣平定高句丽

乾封二年(667 年)九月初三，李治因长期患病，命令太子李弘监理国事。十四日，李勣攻下高丽[②]的新城，派契苾何力驻守。元万顷作《檄高丽文》说："不知守鸭绿之险。"无意中提醒了泉男建，他立即调兵据守鸭绿津，唐军不能通过。李治得知这情况，流放元万顷到岭南。

---

① 今广西龙州。

② 朝鲜封建王朝之一。

乾封三年、总章元年(668年)二月二十八日，李勣等攻下高丽扶馀城[①]。薛仁贵在金山[②]打败高丽兵后，又攻下扶馀城。扶馀川中的40余座城都望风请求投降。三月初六，大赦天下，改年号总章。

九月十二日，李勣攻下平壤[③]。擒获高丽王高藏[④]以及大臣等，高丽全部平定。

李勣回长安前，李治命令他先将高丽王高藏等献到昭陵，然后整顿军队仪容，奏着凯歌，进入长安，到太庙献俘。十二月初七，李治在含元殿接受献俘。因高藏并不掌握国家实权，李治赦免了他的罪行并在平壤设置安东都护府。

总章二年(669年)十一月十二日，唐朝改封豫王李旭轮为冀王，改名李轮。司空、太子太师、英贞武公李勣病重。十二月初三，李勣去世。终年76岁，追赠太尉，谥号贞武。这年，武则天46岁。

尊母贬甥大不同

咸亨元年(670年)三月初一，李治因旱灾，大赦天下罪人，更改年号。九月十四日，武则天母亲杨氏去世，李治命令九品以上文武官员，以及宫外有封号的妇女，都到她的住宅吊唁哭祭。

武则天曾多次追加生母荣国夫人封号。“杨氏迁封酂(zàn)、卫二国夫人，咸亨元年去世(终年92岁)，追尊鲁国夫人，谥曰忠烈”。

闰九月初三，武则天因久旱，请求回避皇后的职位，李治不许。十二日，唐朝追尊司徒周忠孝公武士彟为太尉、太原王，夫人为王妃。这年，武则天47岁。

咸亨二年(671年)武则天的哥哥武元庆等人死后，武则天便上奏李治，以她姐姐的儿子贺兰敏之作为武士彟的嗣子，承袭周国公爵位，改姓武氏。武敏之连续升官，此时任弘文馆学士、左散骑常侍[⑤]。魏国夫人贺兰氏被武则天毒死时，李治遇见武敏之，非常悲痛地对他说：“早上朕外出临朝听政时，魏国夫人还安然无恙，退朝时就无法抢救了，她为何死得这么突然?”武敏之只是大哭，并不答话。

---

① 今吉林四平。
② 今辽宁本溪。
③ 今朝鲜首都。
④ 高丽第28位王，也是末代王。
⑤ 正三品下。

武则天听到这个情况后说:“这小子怀疑我。”于是开始憎恨武敏之。武敏之相貌漂亮,与他外祖母太原王妃杨氏[①]淫乱。在为杨氏守丧期间,他又脱去丧服,命歌妓奏乐歌舞。还擅自用掉了武则天用来祭奠荣国夫人造佛像的大瑞锦。司卫少卿杨思俭的女儿美貌出众,李治和武则天亲自选她为太子李弘的妃子,婚期已定,武敏之竟然将她强奸。当时太平公主还年幼,往来于外祖母的荣国府,虽有宫人陪侍,也还是被武敏之逼迫。武则天于是给李治上书,揭露武敏之前后的罪恶,请求将他放逐到边远地区。

六月十一日,李治命令将武敏之流放到雷州[②],恢复他的本姓贺兰。贺兰敏之走到韶州[③],被人用马缰绳绞死。朝廷官吏中不少人因曾与他交游,被流放岭南。

咸亨三年(672年)八月二十四日,特进高阳郡公许敬宗去世。终年81岁。礼部尚书阳思敬评议说:“按照《谥法》,有了过失能改正称为‘恭’,请给他定谥号为‘恭’。”李治下诏接受这个意见。

九月十五日,唐朝改封沛王李贤为雍王。十月初二,李治下诏,令皇太子李弘监理国家政事。

咸亨四年(673年)二月,李治以左金吾将军裴居道的女儿为皇太子李弘的妃子。三月初十,李治下诏书,命令刘仁轨等改修国史,因为原来许敬宗等所记录的国史多不符合事实。八月十九日,李治因患疟疾,命令太子在延福殿接受各部门陈述事情。这年,武则天50岁。

咸亨五年、上元元年(674年)三月。贺兰敏之获罪以后,武则天奏请从岭南召回她哥哥武元爽的儿子武承嗣,承袭周国公武士彟的爵位,担任尚衣奉御[④]。四月十二日,升任宗正卿[⑤]。

八月十五日,李治追尊他的七世祖宣简公李熙为宣皇帝,七世祖母张氏为宣庄皇后;六世祖懿王李天赐为光皇帝,六世祖母贾氏为光懿皇后;祖父太武皇帝李渊为神尧皇帝,祖母太穆皇后为太穆神皇后;父亲文皇帝李世民为太宗文武圣

---

① 即武则天生母。
② 今广东雷州。
③ 今广东韶关。
④ 从五品上。
⑤ 正三品。

皇帝，母亲文德皇后为文德圣皇后。为了避讳已故皇帝、皇后的尊号，李治改称天皇，武则天改称天后。改年号为上元，赦免天下罪人。

九月初七，天皇李治命令恢复长孙晟、长孙无忌官爵，让长孙无忌曾孙长孙翼承袭赵公爵位；准许长孙无忌的遗体从流放地黔州送回长安，陪葬在唐太宗的昭陵。

天后上表十二条

十二月二十七日，天后武则天上表李治"十二条"。史称"建言十二事"，即，一、劝农桑，薄赋徭；二、给复三辅地；三、息兵，以道德化天下；四、南北中尚禁淫巧①；五、节省功费、劳役；六、广言路；七、杜谗口②；八、王公以下，皆习《老子》；九、父在，为母服齐衰三年；十、上元前勋官已给告身者，无追核；十一、京官八品以上，益禀入③；十二、百官任事久，才高位下者，得进阶申滞④。李治下诏对武则天给予表彰，并全部接受她的建议。由于"十二条"对普通百姓和官员们都有利，维护了社会的稳定，得到了大家的拥护。这年，武则天51岁。

上元二年(675年)三月十三日，武则天在邙山⑤之南祭蚕神，朝廷官员以及在京的州、县的官员，都前往陪祭。

李治因受严重风眩病的困扰，商议由武则天代理国家政事。中书侍郎、同三品郝处俊说："陛下治理外朝，皇后治理后宫，是天经地义的。从前魏文帝曹丕曾立下法令，虽然皇帝幼小，也不许太后临朝听政，为的是防止祸乱发生。陛下为何不将高祖、太宗的天下传给子孙，而托付给皇后呢！"中书侍郎、昌乐人李义琰说："郝处俊的话是最忠诚的，陛下应当听取！"李治于是放弃了原来的打算。

这时的武则天，开始广泛招揽文人学士，如著作郎元万顷、左史刘祎之等人，并让他们撰写《列女传》、《臣轨》、《百僚新戒》、《乐书》，共1000多卷。朝廷的奏议及各部门的表疏，时常秘密地让他们参与裁决，以此来削减宰相的权力，当时的人称这些人为北门学士。

---

① 无益的技艺与制品。

② 杜绝谗言。

③ 增加俸禄。

④ 晋阶升迁。

⑤ 今河南洛阳北。

随意废立皇太子

太子李弘仁爱孝顺、谦虚谨慎，李治很喜欢他。李弘对士大夫能以礼相待，也赢得了朝廷内外的拥戴。这时，武则天想要施展个人抱负，李弘奏事多次违反武则天的旨意，因此武则天不喜欢他。义阳、宣城两位公主，都是萧淑妃的女儿，因受母亲牵连而获罪，被囚禁在后宫中，年过30不准出嫁。李弘得知这个情况，既吃惊又同情，就上奏请求准许她们出嫁，得到了李治的批准，武则天知道后十分恼火。四月二十五日，李弘突然死于合璧宫的绮云殿，时年24岁。当时的人都认为是被武则天用鸩酒毒死的。李弘于显庆元年(656年)正月被立为太子，上元二年(675年)四月暴卒，在位约19年。

二十八日，李治回到洛阳宫。五月初五，李治下诏说："朕正准备将帝位禅让给太子，而太子忽然一病不起。应当重申朕以前的旨意，给予尊贵的名号，可定谥号为孝敬皇帝。"

六月初五，唐朝立雍王李贤为皇太子，赦免天下罪人。由于武则天厌恶慈州刺史、杞王李上金，有关部门为了迎合武则天的旨意奏报李上金有罪。七月，李上金被解除职务，安置到澧州①。

八月十九日，唐朝葬孝敬皇帝李弘于恭陵②。陵墓制度全部按照天子的礼仪。李治亲自为他撰写《睿德纪》，并亲自书写在石碑上，立在陵墓旁。李弘是唐代第一位死后被追谥为皇帝的太子。

上元三年、仪凤元年(676年)正月二十三日，唐朝改封冀王李轮为相王。二月，武则天劝李治封禅中岳嵩山。十五日，李治下诏说，定于今年冬季封禅嵩山。当初，武则天害死了萧淑妃，现在对她的儿子郇王李素节也不放过，将他从岐州刺史降职为申州刺史。乾封初年，李治下令说："李素节既然有病，就不必入宫朝见。"其实李素节并没有病。自己觉得长期不得朝见皇帝，便撰写了《忠孝论》。他的王府仓曹参军张柬之派人悄悄将他的《忠孝论》密封后呈送给李治。武则天看到后，诬告李素节贪赃受贿，十月十二日，降封他为鄱阳郡王，安置在袁州③。

---

① 今湖南常德澧州。

② 今河南偃师东南景山。

③ 今江西宜春袁州。

十一月初八，改年号为仪凤元年，大赦天下。十二月，皇太子李贤进上所注释的《后汉书》，李治特别赐物三万段。这年，武则天53岁。

仪凤二年(677年)八月，唐朝改封周王李显为英王，改名为李哲。第二年正月初四，唐朝百官及蛮夷首领朝见武则天于光顺门。

仪凤四年、调露元年(679年)五月初七，李治命令太子李贤监理国家政事。太子处理事情明白周密，受到朝野的称赞。

六月初三，大赦天下罪人，更改年号调露。十月十六日，吐蕃文成公主派遣大臣论塞调傍来长安报告赞普的丧事，并请求和亲。李治派遣郎将宋令文去吐蕃参加赞普的葬礼。

调露二年、永隆元年(680年)八月。太子李贤听到宫中私下议论说，他是武则天的姐姐韩国夫人所生，暗自疑惑畏惧。早前明崇俨凭借用诅咒制胜的迷信法术获得了武则天的信任，常私下说“太子不能够继承帝位，英王李哲的相貌像唐太宗”，又说“相王李轮(李旦)相貌最显贵”。武则天曾命北门学士撰《少阳正范》及《孝子传》赏赐给太子[①]，又几次写信谴责太子，太子心里越来越不安。

明崇俨，洛阳偃师人。容貌俊秀，风姿神异，出身士族，却精通巫术、相术和医术。当时，皇帝李治常犯头疼病，听说明崇俨有奇术，遂召至京城。明崇俨竟然治好了皇帝的病，由此深得李治和武则天的信任，可以自由出入禁宫。

后来明崇俨突然被杀，因为抓不到杀死明崇俨的凶手，武则天就怀疑这事是李贤干的。李贤颇好音乐、女色，与家奴赵道生等人亲近，经常赏赐他们金帛，司议郎韦承庆上书规劝，李贤不听。武则天指使人告发李贤的这些事。李治命令薛元超、裴炎与御史大夫高智周等一起审问李贤，在东宫马坊搜查出黑色铠甲数百件，作为李贤谋反的物证；家奴赵道生又供认李贤指使他杀了明崇俨。李治一贯喜爱李贤，对此事犹豫不决，想赦免他，武则天说：“作为太子而有叛逆之心，天地所不容。陛下应该大义灭亲，怎么能够赦免！”二十二日，李治将太子李贤废为平民，派遣右监门中郎将令狐智通等送李贤到长安，幽禁于别处，李贤的同党都被处死，搜查出的黑甲在洛阳天津桥南焚烧示众。李贤于上元二年(675年)六月被立为太子，永隆元年(680年)八月被废。在位约六年。

武则天为了一个方伎明崇俨之死，就废黜了自己儿子李贤的太子之位，个中

① 以警示太子要本分贤孝。

原因值得深究。据说明崇俨与武则天的关系十分暧昧，甚至说是情人关系，但都查无实据。武则天十分喜欢容貌俊秀，又有绝活的男人，在这一点上是众所周知毋庸置疑的。明崇俨属于这个类型，所以民间的推断和猜测是可以理解的。

古来太后以纵欲而杀子者，绝非仅有。“后魏文明冯太后行不正，有内宠李奕，献文帝因事诛之，冯太后遂害帝”。① 此外，还有北魏的胡太后也因与之淫乱的清河王元怿被杀而恼怒，后来用毒酒将自己的亲生儿子孝明帝元诩毒死。

二十三日，唐朝立左卫大将军、雍州牧英王李哲②为太子，更改年号，大赦天下。

永隆二年、开耀元年(681 年)正月，突厥侵扰唐朝原州、庆州等州。初五，唐朝派遣右卫将军李知十等屯兵泾州、庆州两州以防备突厥。

二月，武则天上表请求赦免杞王李上金、鄱阳王李素节的罪过；任命李上金为沔州刺史，李素节为岳州刺史，仍不许朝见皇帝。

三月二十二日，唐朝任命刘仁轨兼任太子少傅，原任职务不变；任命侍中郝处俊为太子少保，罢除宰相职务。

五月二十一日，河源道经略大使黑齿常之领兵进击，在良非川③打败吐蕃将领论赞婆，缴获了他们的粮食、牲畜返回。黑齿常之在军中七年，吐蕃人很害怕他，不敢再进犯唐朝边地。

天后嫁女大排场

当年武则天的母亲去世，武则天请求让自己的小女儿太平公主为女道士，为死者乞求冥福。后来吐蕃要求和亲，请求娶太平公主，李治便为太平公主建立太平观，任她为观主，以拒绝吐蕃。到这时候，才选择光禄卿、汾阴④人薛曜的儿子薛绍结婚。薛绍的母亲是李世民的女儿城阳公主。

七月，太平公主出嫁到薛家时，自兴安门南到宣阳坊西，火把接连不断，道路两旁的槐树都被烧死了。薛绍的哥哥薛顗因太平公主恩宠太盛，深感忧虑，询问

---

① 《廿二史札记》。

② 原名李显，李治第七子，武则天第三子。

③ 今青海共和西南。

④ 今山西万荣。

远房叔祖父、户部郎中薛克构应该怎么办，薛克构说："皇帝的外甥娶公主，是皇家的旧例，如果以恭敬谨慎的态度对待，会有什么问题！但有谚语说'娶妻得公主，无事抓进官府'，这还是令人担忧啊。"

武则天认为薛顗的妻子萧氏和他弟弟薛绪的妻子成氏都不是贵族，想让薛家遗弃她们，说："怎么能让我女儿与田舍翁[①]的女儿为妯娌呢！"有人说："萧氏，是萧瑀的侄孙女，皇家的旧姻亲。"这事才算了结。

三十日，李治因服食丹药，命令太子李显监理国事。十月，唐朝改永隆二年为开耀元年。十一月初八，李治将原太子李贤流放到巴州[②]。这年，武则天58岁。

开耀二年、永淳元年(682年)二月，唐朝在蓝田[③]营造万泉宫。十九日，改年号永淳，大赦天下。

不久，李治立皇孙李重照[④]为皇太孙。李治打算为皇太孙开设府署，设置官属，询问吏部郎中王方庆的意见。王方庆回答说："晋和齐都曾立皇太孙，太子的官属就是皇太孙的官属，没听说过太子还在东宫，而又为皇太孙设置官属的事。"李治说："可以从我开始吗?"回答说："三王不互相承袭礼仪，当然可以！"于是王方庆奏请为皇太孙设置师傅等官。后来李治顾虑这样做不合古法，于是停止。

五月，李治封禅泰山后，又想遍封五岳，七月，营造奉天宫于嵩山之南。监察御史李善感进谏说："近几年来，粮食歉收，饿死的人到处可见，四夷[⑤]交相侵犯，兵车连年出动。陛下应当恭敬静默地思索求治之道以消除上天降下的灾祸，却还在广造宫室，劳役从未停止，天下百姓都感到很失望。臣忝列国家的耳目，也为此而深感忧虑！"李治虽未采纳他的谏言，但也宽容了他。人们认为这是天下太平的征兆。

李治派遣宦官沿着长江运送奇异的竹子，准备栽种在宫苑之中。宦官们征用船只装载竹子，到处恣行暴虐；路过荆州时，荆州长史苏良嗣将他们囚禁起来，上书直言极谏，认为："陛下为取得远方奇异物品，烦扰沿途百姓，恐怕不是圣人

---

① 年老的庄稼汉。
② 今四川巴中。
③ 今陕西西安东南。
④ 李显嫡长子，此时刚刚满月。
⑤ 东夷和北狄、西戎、南蛮。

爱护百姓的本意。同时，小人擅自耍弄威权，也有损陛下的圣明。”李治对武则天说：“都是我约束不严，果然被苏良嗣责怪。”于是亲自写诏书，抚慰和指示苏良嗣，命令他将竹子抛入江中。

自从麟德元年(664年)李治和武则天“二圣”治政以来，到这时已经近19年。在这期间，所有大小事务都由两个人共同处理。此时，李治似乎在向武则天作检讨。

太子李显留守京师长安，常常外出游猎。安辅太子监国的薛元超上书规劝。李治知道后，派使者慰劳薛元超，同时将太子李显召到东都洛阳来。

第七章

唐高宗驾崩贞观殿　武天后预谋篡皇权

永淳二年、弘道元年(683 年)七月初四，唐朝封皇子李重福[①]为昌王。不久，李治下诏，定于该年十月封禅嵩山；后因李治患病，又改为次年正月。十九日，改封相王李轮[②]为豫王，改名李旦。八月，李治因准备封禅嵩山，召太子李显赴东都洛阳；命昌王李重福留守京师，让刘仁轨当他的副手。十月二十六日，李显来到东都洛阳。

遗诏传位太子显

十一月初三，李治因为病重，下诏停止封禅嵩山。李治苦于头疼，眼睛看不见东西，召侍医秦鸣鹤前来诊视。秦鸣鹤请求用针刺李治的头部使它出血，就可以治愈。武则天守在幕帘之后，她并不希望治好李治的病，大怒说："此人可以斩首！竟敢在天子头上刺出血来。"秦鸣鹤叩头求饶。李治说："只管用针刺，不一定治不好。"于是秦鸣鹤用针刺李治的百会、脑户两个穴位。李治说："朕的眼睛似乎可以看见了。"武则天将手举在额头上说："这真是上天的赐予！"然后亲自背负彩缎百匹赐给秦鸣鹤。

---

① 李显第二子。

② 李治第八子，武则天幼子。

武则天见风使舵的本领真是高超到家了，先是不让侍医给李治扎针治病，希望李治一直看不见。这样，所有朝政大事都由她来代替皇上处理，这是她梦寐以求的事情。可是，一旦李治扎针有了效果，她立刻一百八十度大转弯，亲自赏赐秦鸣鹤。

李治下诏令太子李显监理国事，任命裴炎、刘景先、郭正一为同东宫平章事。

李治病重，连宰相都不得进见。十一月二十四日，李治返回东都洛阳，百官朝见于天津桥南。

十二月初四，唐朝更改永淳二年为弘道元年，大赦天下。李治本想登上则天门楼宣布赦令，因气喘不能乘马前往，便召集百姓到殿前来宣布赦令。这天夜里，李治召裴炎入宫，接受遗诏，辅佐朝政。不久，李治在贞观殿驾崩，在位34年，时年56岁。留下遗诏命令太子李显在灵柩前即位，军国大事有不能决断的，兼请武则天处置。废除万泉、芳桂、奉天等宫。君臣拟上谥号天皇大帝，庙号高宗。这年，武则天60岁。

史臣说：李治当太子时，很受人尊重。登上帝位，也特别明智。……一旦纵情于后宫，就疏忽了门户。……终于导致宗室皇亲几乎被杀光，宗庙成为废虚。古人说的一国为一人所兴，前贤被后愚毁掉，确实如此！

李治去世以后，武则天为李治撰写了长达1200余字的《高宗天皇大帝哀册文》，高度赞扬了李治的圣德和功绩，也表达了武则天对李治的深切怀念。

李治一生约有后妃十人。皇后：王皇后、武皇后（武则天）。妃嫔：萧淑妃、徐婕妤、刘宫人、郑宫人、杨宫人。还有韩国夫人武顺（武则天姐）、魏国夫人贺兰氏（武顺之女）。共育有八个儿子和四个女儿。

李显须臾被废黜

十二月初七，裴炎上奏说太子尚未即帝位，不宜由太子直接发布诏令，有急需处理的重要事情，希望发布天后武则天的命令并由中书省、门下省施行。十一日，太子李显即位，是为唐中宗。尊天后武则天为皇太后，政事全部取决于皇太后。武则天因泽州刺史、韩王李元嘉（李渊第十一子）等地位尊贵，威望很高，恐怕他们发动变乱，便都给他们加三公等官衔以安定他们的情绪。

李治去世以后，武则天的心情更加复杂。她与皇上毕竟做了近30年的夫妻，悲痛总是难免的。悲痛之余，她开始考虑自己。一是，她被称“二圣”临朝近

20年了，如今皇上驾崩自己完全可以取而代之。然而，皇帝遗诏由太子即位，这使她很无奈。二是，如今她作为太后，凭借她自己的能力和手段，要废黜儿皇帝易如反掌，但是必须“名正言顺”，不能露出任何破绽。于是她需要寻找时机，最佳的时机，随时准备取“儿”代之。

嗣圣元年、文明元年、则天顺圣皇后光宅元年(684年)正月初一，改年号为嗣圣，大赦天下罪人。册立太子妃韦氏为皇后。皇后的父亲韦玄贞由普州参军提升为豫州刺史。皇帝李显又打算任命韦玄贞为侍中，还打算授给乳母的儿子五品官，中书令裴炎坚持不同意见，李显大怒，说：“朕将天下交给韦玄贞都可以！难道还吝惜侍中的职位！”裴炎十分畏惧，便向皇太后报告，并密谋废黜皇帝李显。二月初六，皇太后召集百官于乾元殿，裴炎与中书侍郎刘祎之、羽林将军程务挺、张虔勖领兵入宫，宣布皇太后的命令，废皇帝李显为庐陵王，扶他下殿。李显说：“我犯了什么罪？”皇太后说：“你想将天下交给韦玄贞，怎么不是罪！”于是将李显幽禁起来。

看看，李显当皇帝仅50余天，就因为一句话被母后武则天抓住把柄，废为庐陵王，幽禁起来。是年五月，李显被迁到均州[①]，不久又迁居房陵[②]。

唐中宗李显画像

初七，唐朝立雍州牧、豫王李旦为皇帝，是为睿宗皇帝。政事取决于太后武则天，太后让李旦居于别殿，对政事不得有所干预。立豫王妃刘氏为皇后。

李旦虽名为皇帝，但却居住在别殿，政事取决于武则天。野史有诗云：“牝鸡声里紫宸空，几树飞花满地红；当代媚娘居北阙，一朝天子寓东宫。”

这下武则天终于将盼望已久的皇帝大权独揽怀中，成为实际意义上的皇帝。

是日，唐朝以永平郡王李成器为皇太子，李成器是李旦的长子。大赦天下，改年号文明。

初八，太后废皇太孙李重照(李显嫡长子)为平民；命令刘仁轨专门主管西京

① 今湖北丹江口。

② 今湖北房县。

留守事务；流放韦玄贞于钦州[1]。

太后武则天写信给刘仁轨说："从前汉朝将关中的事情都委托给萧何，现在委托给你也是同样的用意。"刘仁轨上书，以年老体衰不能胜任留守职务为由推辞，并陈述汉朝吕后祸败的事实，以表明对武则天的劝诫之意。武则天派秘书监武承嗣带去用自己的玺印密封的文书抚慰刘仁轨说："你是先朝德高望重的老臣，为天下人所敬仰，希望能以匡正补救为怀，不要以年老来推托。"

初九，武则天命令左金吾将军丘神勣前往巴州，检查原太子李贤的住宅以防备意外，实际上是暗示丘神勣杀死李贤。

李旦临朝不问政

十二日，太后武则天来到武成殿，皇帝李旦率王公以下官员给太后上尊号。十五日，太后驾临殿前平台，派礼部尚书武承嗣在殿前册封新继位的皇帝李旦。从此太后常到紫宸殿，张挂浅紫色的帷帐临朝听政。

李治去世后，武则天的权力已经登峰造极。正是：太后废立似儿戏，皇帝沦为空头衔。紫宸殿上挂帷帐，垂帘听政掌大权。

二十五日，武则天任命太常卿、检校豫王府长史王德真为侍中；中书侍郎、检校豫王府司马刘祎之为同中书门下三品。三月初五，改封杞王李上金为毕王，鄱阳王李素节为葛王。

丘神勣来到巴州，逼迫李贤自杀。李贤死后武则天便归罪于丘神勣。十六日，武则天在显福门行哭祭之礼，将丘神勣贬为叠州刺史。十七日，追封李贤为雍王。不久丘神勣又回京任左金吾将军。

唐睿宗李旦

李贤曾作《黄台瓜辞》，"种瓜黄台下，瓜熟子离离。一摘使瓜好，再摘令瓜稀，三摘犹尚可，四摘抱蔓归。"命乐工歌唱，希望武则天听到后省悟，顿生哀愍之心。

五月十五日，太后命李旦护送高宗李治的灵柩从东都西返长安。闰五月，唐朝任命礼部尚书武承嗣为太常卿、同中书门下三品。

---

① 今广西钦州。

文明元年八月十一日，武则天将天皇大帝李治葬于乾陵[1]，实现了李治的遗愿。谥号天皇大帝，庙号高宗。这年，武则天61岁。

武后追尊五世祖

九月初六，唐朝大赦天下，改年号光宅，旗帜都用金色。八品以下官员原穿青色服装的，现改穿深青色。改东都洛阳为神都，改宫名为太初。又改尚书省为文昌台，左、右仆射为左、右相，六部为天、地、春、夏、秋、冬六官；门下省为鸾台，中书省为凤阁，侍中为纳言，中书令为内史；御史台为左肃政台，增设右肃政台；其余省、寺、监、率的名称，全部按意义分类加以更改。

这一年，唐朝出现了嗣圣元年、文明元年、则天顺圣皇后光宅元年三个年号。这是不寻常的一年，历史上称这一年是武则天真正大权独揽掌握朝政的开始，她仅依据天后、太后的身份，轻易就将皇帝李显废了，又立李旦为皇帝，很快又将李旦禁锢于东宫，自己堂而皇之地临朝听政。在武则天看来，为了这一天她付出的太多，也等待了太久。然而，临朝听政并不是她最终的目的，她的最终目的就是君临天下，成为真正的天子。要实现这个目标，还需要付出更多的努力。

武承嗣请武则天追封她的先祖为王，建立供奉武氏七代祖先的祖庙，武则天同意。裴炎进谏说："太后是天下人的母亲，应当表明最大的公心，不可偏私于自己的亲属。难道看不见吕氏的失败吗！"武则天说："吕后将权力交给活人，所以失败。现在我追尊死者，有什么损害呢！"裴炎回答说："事情应当防微杜渐，不可让不良现象发展。"武则天没有听从他的劝告。

九月二十一日，追尊武则天五世祖父武克己为鲁靖公，五世祖母为夫人；高祖父武居常为太尉、北平恭肃王；曾祖父武俭为太尉、金城义康王；祖父武华为太尉、太原安成王；父亲武士彟为太师、魏定王；高祖母、曾祖母、祖母、母亲都为王妃，又营建上述五代祖先的祠堂于文水。

武则天原来准备追谥七代祖先为皇帝[2]，在裴炎的进谏下，少追谥了两代。

---

① 今陕西咸阳乾县城北。

② 南周始祖文帝周昌；南周睿祖康帝姬武；南周严祖成帝武克已；南周肃祖章敬皇帝武居常；南周烈祖昭安皇帝武俭；南周显祖文穆皇帝武华；南周太祖高皇帝武士彟。

骆宾王檄讨武曌

当时武则天及其亲属掌权，李唐皇族人人自危，大家心中悲愤交加。正好李勣之孙眉州刺史英国公李敬业和他弟弟令李敬猷、给事中唐之奇、长安主簿骆宾王、詹事司直杜求仁都因事获罪，李敬业被降职为柳州司马，李敬猷被免官，唐之奇被降职为栝苍令，骆宾王被降职为临海丞，杜求仁被降职为黟(yī)县令。魏思温曾任御史，再次被罢黜。他们都聚集在扬州，都因被罢官而对武则天极度不满，便以挽救恢复庐陵王李显的帝位为借口阴谋作乱。

由魏思温充当谋主，指使他的党羽监察御史薛仲璋要求奉命出使江都，然后让雍州人韦超到薛仲璋处报告扬州长史陈敬之阴谋造反。薛仲璋逮捕陈敬之入狱。数日后，李敬业乘驿车到达，伪称自己是扬州司马前来赴任，说"奉太后密旨，因高州酋长冯子猷谋反，要发兵讨伐。"于是打开府库，命扬州士曹参军李宗臣到铸钱工场，驱赶囚徒、工匠发给他们盔甲。在监狱将陈敬之斩首，录事参军孙处行抗拒，也被斩首示众，扬州官吏再没有敢反抗的。于是征发一州的兵马，又使用中宗李显的年号嗣圣元年。设置三个府署：第一个称为匡复府，第二个叫英公府，第三个叫扬州大都督府。李敬业自称匡复府上将，领扬州大都督。任命唐之奇、杜求仁为左、右长史，李宗臣、薛仲璋为左、右司马，魏思温为军师，骆宾王为记室①，十来天便聚集士兵十余万人。薛仲璋是裴炎的外甥，裴炎受其连累又遭陷害，不久被斩首于洛阳都亭驿前街。

李敬业传布檄文②到各州县，内容大致列举了武则天种种罪状，言辞犀利。武则天看到檄文以后问："这是谁写的?"回答："骆宾王。"武则天说："这是宰相的过失。此人有这样的才华，却让他飘泊失意，没有受到重用!"

李敬业找到一个相貌像已故太子李贤的人，欺骗众人说："李贤没有死，就逃亡在这个城中，他命令我们起兵。"于是借李贤以号令天下。

楚州司马李崇福率领属下三县响应李敬业。只有盱眙③人刘行举占据县

---

① 掌章表书记文檄。

② 《代李敬业讨武氏檄》。原文、译文见附三。

③ 今江苏盱眙。

城，不肯从命，李敬业派他的将领尉迟昭进攻盱眙。武则天下诏任命刘行举为游击将军，任命他弟弟刘行实为楚州刺史。

武则天又任命淮安王李神通之子左玉钤卫大将军李孝逸为扬州道大总管，领兵30万，任命将军李知十、马敬臣为他的副职，讨伐李敬业。

李敬业攻陷了润州，抓获刺史李思文，用李宗臣取代他。李思文是李敬业的叔父，得知李敬业的阴谋，事先派遣使者走小道向朝廷报告即将发生的叛乱事件。润州被李敬业进攻后，李思文拒守了很长一段时间，终因力竭而城被攻陷。魏思温请求将李思文斩首示众，李敬业不同意，对李思文说："叔父依附于武氏，应改姓为武。"润州司马刘延嗣不肯投降，李敬业准备杀他，魏思温救他，得免于死，和李思文一起被关进狱中。曲阿[①]令尹元贞领兵救援润州，打了败仗，被李敬业擒获，尹元贞不肯屈服而被杀。

不久，武则天追削李敬业祖父和父亲的官职封爵，掘墓砍棺，恢复其本姓徐氏。

平乱颁布垂拱格

十一月初四，武则天任命左鹰扬大将军黑齿常之为江南道大总管，率军讨伐徐敬业。十三日，徐敬业统兵凭借下阿溪[②]固守。

朝廷将军李孝逸等部队相继到达，与徐敬业数次交战失利。李孝逸畏惧，准备撤退，魏元忠与行军管记刘知柔对李孝逸说："现在正好顺风，芦荻干燥，是用火攻的好机会。"李孝逸准备决战。徐敬业虽布阵已久，但士卒多疲惫观望，战阵不能整肃；李孝逸发动进攻，乘风纵火，徐敬业大败，被斩首7000级，淹死的不计其数。徐敬业等轻装骑马逃入江都，带着妻子儿女投奔润州，准备从海路逃往高丽；李孝逸进军屯驻江都，派遣部属追击徐敬业。十八日，徐敬业逃到海陵[③]地界，被大风所阻止，部将王那相砍下徐敬业、徐敬猷和骆宾王的脑袋向官军投降。余党唐之奇、魏思温都被捕获，斩首后，他们的脑袋都被送往神都洛阳。扬州、润

① 今江苏丹阳。
② 今安徽天长秦栏河一带。
③ 今江苏泰州。

州、楚州[①]三州平定。

当时，骆宾王被诛杀，文章多散失。武则天素来重视他的文章，派使者搜集。有兖州人郄云卿集成十卷，盛传于世。

垂拱元年(685年)正月初一，大赦天下，改年号垂拱。二月二十九日，春官尚书武承嗣、秋官尚书裴居道、右肃政大夫韦思谦都任同凤阁鸾台三品。三月，正谏大夫、同平章事崔詧被罢免官职。十一日，唐朝迁移庐陵王李显到房州。十六日，武承嗣被罢免官职。

二十六日，颁布《垂拱格》。垂拱格是武则天在平定徐敬业叛乱后，颁布的法律文书，因垂拱元年颁布而得名。朝廷官员有被降职找宰相申诉的，内史骞味道对他们说："这是太后的决定。"同中书门下三品刘祎之说："因牵连处罚改任官职，由臣下奏请。"武则天听说后，于四月初一，将骞味道降职为青州刺史，给刘祎之加官太中大夫，又对身边大臣说："君臣同为一体，哪能将坏事都归咎于君主，好事都归功于自己呢。"

武则天下令，内外九品以上的官员和百姓，都可以向朝廷自我推荐以求被任用。

十一月，麟台正字[②]陈子昂上疏，认为："朝廷派遣使者巡察四方，不能任用不称职的人，刺史、县令都要严加选择；近年来百姓疲于征战，不能不予以安抚。"又说："宰相，是陛下的心腹；刺史、县令，是陛下的手足；从来没有无腹心手足的君主可以独自治理国家的！"又说："天下有危机，祸福就因此而产生，'机'静则有福，'机'动则有祸，这'机'就是百姓。百姓安定就对生活感到愉快，不安定就对死亡看得很轻，对死亡看得很轻就什么事都干得出来，邪恶叛逆之徒就会乘机而起，这样天下就会大乱！"武则天对此未置可否。

和尚入宫得宠幸

这年，武则天下诏重修原来的白马寺[③]，任用和尚薛怀义当白马寺的住持。

---

① 今江苏淮阴。

② 掌校雠典籍。

③ 位于今河南洛阳。

薛怀义是鄠(hù)县[①]人，原本姓冯，名小宝，卖药于洛阳街市，因千金公主[②]的关系而进宫。当时千金公主对武则天说："小宝有非常的才能，可以入宫充当近侍。"于是得到武则天的宠幸。武则天为方便冯小宝出入宫禁，便命他剃度为和尚，取名怀义。又因他出身寒微，就让他与驸马都尉薛绍互认为同族，命令薛绍称薛怀义为叔父。薛怀义出入宫禁使用的都是皇帝用的马，有十多个太监作为侍从；官民遇上他都得赶紧避让，否则就被打得头破血流，扬长而去，不管死活。薛怀义见到道士就拼命殴打，还要剃光头发才放他们走。朝廷亲贵见到他都要伏地行礼拜谒，武承嗣、武三思都行奴仆之礼以侍奉薛怀义，出行时为他牵马，薛怀义都不将他们放在眼里。他还聚集一些无赖少年，剃度为和尚，恣意犯法，人们敢怒不敢言。右台御史冯思勖多次依法处置那些无赖，后来薛怀义与他在途中相遇，便指使随从殴打冯思勖，几乎将他打死。

掐指算来，武则天 14 岁入宫至今已有 48 年。初入宫时被李世民赐名为"武媚"(妩媚)，当时她情窦初开，春心萌动，自然十分渴求得到宠幸，但是她在李世民身边耗费了十多年，还停留在"才人"的位置上。李世民没有给她更多的宠幸机会，甚至没有给她留下一个子嗣。作为一个女人，一个健康的女人，对男人的那种渴望受到了无情的打击和压抑。李世民死后，26 岁的武则天被送到感业寺为尼。这里更是"无男"之地。她的欲望承受着双重折磨，只有在夜静之时悄悄回味那年与太子李治偷情的感受。

武则天二次进宫时，李治已由太子成为皇帝，封武则天为"昭仪"，而"封后"的诺言尚未兑现。这时的武则天，将所有的成熟和魅力全部展示出来，以强烈的、绝对排他的占有欲，以及难以招架的缠绵和充满睿智的举止，轻而易举就完全惑乱了李治的心。后来，李治在很短的时间内给她"连升三级"昭仪、宸妃、皇后。从此，皇帝李治在女色方面受到了严厉的管制，几乎不能接近任何其他女人，李治反倒成了武则天的专门生育工具，武则天独霸"侍寝之门"，一连生了六个孩子，而别的嫔妃再无生育记录。在这 30 年中，武则天在政治上大有长进，玩弄皇权于她的股掌之间，已经到了炉火纯青的地步。

李治去世以后，武则天的权力已经达到顶峰。李显甫登位就被她废为庐陵

---

① 今陕西户县。

② 后称安定公主，李渊第十八女、李治的姑姑。

王，发配到房州囚禁起来；李旦名义上还是皇帝，但也被软禁在东宫，政务上决不让他插手。这下，武则天终于可以稍稍松一口气了。恰巧，天降尤物冯小宝，初次与他私通就十分满意，恰似久旱逢甘霖。虽然她已不再年轻，但她的欲火未泯，甚至比年轻人更加旺盛。幸亏冯小宝有御女奇术，否则早已败下阵来。有女皇，就有男皇后、男皇妃。如果说韩子高是历史上的“第一男后”，那么冯小宝就是“第一男妃”。这年，武则天 62 岁。

一天，左丞相苏良嗣与和尚薛怀义在朝堂相遇，薛怀义见到苏良嗣傲慢而不行礼。苏良嗣大怒，命令随从拽住他，打耳光数十下。薛怀义将此事告诉武则天，武则天并没有安慰薛怀义，反而责怪他说：“阿师应当从北门出入，南牙（南衙）是宰相往来之地，不要去触犯。”

垂拱二年（686 年）正月，武则天下诏将朝政交还给皇帝李旦。李旦知道母后并非诚心，上表坚决辞让；于是武则天又临朝行使皇帝的权力。二十日，大赦天下。

铜匦广开告密门

三月初八，武则天命令铸造铜匦[①]：东边的名叫“延恩”，进献赋颂文章和要求做官的人可将奏表投入；南边的名叫“招谏”，谈论朝政得失的人可将奏表投入；西边的名叫“申冤”，有冤屈的人可将奏表投入；北边的名叫“通玄”，讲天象灾异和军机秘计的人可将奏表投入。命令正谏、补缺、拾遗各一人掌管，事先要找到认识自己的官员作担保，然后才允许将奏表投入。“设官员主管密告箱，亦始于武则天。”

自从徐敬业起兵造反以后，武则天怀疑天下的人多想算计她，又因她长期专擅国家事务，而且操行也不正，知道皇族大臣对她心怀不满，就想以大加诛杀来威慑皇族大臣。于是武则天大开告密的渠道，凡有告密者，臣下不许过问，都由驿站提供马匹，供应五品官标准的伙食，直接送到朝中。无论是农夫或打柴人，武则天都召见，由客馆供给食宿，所说的事如符合武则天的旨意，就被破格授官，与事实不符的，武则天也不问罪。于是四方告密的人蜂拥而至，皇族大臣们都吓

① 类似于检举箱。

得不敢迈步，不敢出声。

有个胡人名叫索元礼，领悟了武则天的意图，因告密而被武则天召见，提拔为游击将军，武则天命令他查办奉诏令特设的监狱里的囚犯。索元礼性情残忍，审讯一个人必须让他牵连数十或上百人来。武则天多次召见并赏赐索元礼，以扩大他的威权。于是长安人周兴、万年人来俊臣之流争相仿效，纷纷作恶。周兴连续升官至秋官侍郎，来俊臣连续升官至御史中丞。他们私下都豢养无赖数百人，专门从事告密活动；如果想诬陷一个人，就让他们几处同时告发，所告的内容都一样。来俊臣还与洛阳人万国俊共同撰写了数千言的《罗织经》，教他们的门徒如何搜罗无罪之人的言行，编成谋反罪状，捏造的罪状都能以假乱真。武则天得到被告密者，即命令索元礼等人来审讯，他们制定了一套审讯囚徒的酷刑，制造了多种大枷，有“定百脉”、“突地吼”、“死猪愁”、“求破家”、“反是实”等名称。或用椽子串连囚犯的手脚而旋转，叫作“凤凰晒翅”；或用东西牵制住囚犯的腰部，将颈上的枷向前拉，叫作“驴驹拔撅”；或让囚犯跪着捧枷，在枷上垒砖，叫作“仙人献果”；或让囚犯站立在高木桩上，将颈上的枷向后拉．叫作“玉女登梯”；或将囚犯倒吊着，在脑袋上挂石头；或用醋灌鼻孔；或用铁圈罩住脑袋，并在其间加楔子，致使囚犯脑袋裂开，脑浆外流。每次抓来囚犯，即将刑具陈列给他们看，囚犯无不颤抖流汗，只要有一点动静，就算无罪也自认有罪。每当有赦免令，来俊臣就命令狱卒先杀掉重罪犯，然后才宣布赦令。武则天认为来俊臣等人忠诚，更加宠爱信任他们。朝廷里的人看到他们，如同看到虎狼。

这一时期的冤假错案，创造了唐朝开国以来之最。若干年后，武则天多次颁发诏书对冤假错案予以平反。此是后话。

宰相劝谏被赐死

垂拱三年(687年)闰正月初二，武则天封皇子李成美为恒王，李隆基为楚王，李隆范为卫王，李隆业为赵王[①]。

五月。凤阁侍郎、同凤阁鸾台三品[②]刘祎之私下对凤阁舍人贾大隐说：“太

① 均为李旦的儿子。

② 宰相。

后既然废昏庸立贤明，哪里用得着临朝行使皇帝的权力！不如归政于皇帝，以安定天下人心。”贾大隐向武则天密奏这件事，武则天不高兴，对身边的人说：“刘祎之是朕一手提拔的，竟然又背叛朕！”有人诬告刘祎之接受归诚州都督孙万荣的黄金，又与许敬宗的妾私通，武则天命令肃州刺史王本立审讯刘祎之。王本立向他宣布并出示太后的敕令，刘祎之说：“不经过凤阁鸾台，怎么能称为敕令！”武则天大怒，命令刘祎之在家中自尽。

刘祎之初入狱时，名义上的皇帝李旦曾为他上疏申辩，亲友们都向他祝贺。认为有皇帝帮他说话，定能免去死罪。刘祎之却说：“这是加速我的死期。”因为这时的皇帝根本不管用，不帮他说话还好，越帮越糟糕，事实果然如此。

九月十八日，虢州①人杨初成伪称郎将，假传太后命令在都邑招募人去房州迎接庐陵王李显。事情败露后，被处死。

这时，武承嗣指使人诬告李孝逸说：“名字中有兔，兔是月亮中的东西，应当会有做天子的名分”。武则天因李孝逸有功劳，十一月十八日，免除他的死罪，削除名籍，流放儋州②而死。

太后遭骂失尊严

垂拱四年(688年)正月初五，唐朝在神都③建立高祖、太宗、高宗三座庙，春夏秋冬祭祀的礼仪和西京④的太庙一样。又立崇先庙以祭祀武氏祖先。武则天命令有关部门讨论崇先庙的室数，司礼博士周悰请设七室，并将李唐太庙减为五室。春官侍郎贾大隐奏：“按照礼制，天子七庙，诸侯五庙，这是百代不能更改的道理。如今周悰引用没有根据的议论，广泛陈述异闻，只是尊崇武则天临朝代理国事的威仪，不依从国家的常法。武则天亲自承受先帝临终的托付，显扬帝王的大道，崇先庙的室数应当如同诸侯的数目，国家宗庙不应随意变更。”于是武则天没有为崇先庙设立七室。

---

① 今河南灵宝。
② 今海南儋州。
③ 今河南洛阳。
④ 今陕西长安。

李世民、李治在位时，多次准备修建明堂[①]，因儒家学者们讨论制度无果而停止。到武则天临朝便独自与北门学士讨论它的制度，不征求学者们的意见。学者们认为明堂应当在都城南郊居中之地，三里之外，七里之内。武则天认为离皇宫太远。二月，拆毁乾元殿，在原地基上修建明堂，任命薛怀义为监造明堂的负责人，共役使数万人。

四月十一日，处死太子通事舍人郝象贤。郝象贤是侍中郝处俊的孙子。当初，武则天就对郝处俊不满，正好有奴仆诬告郝象贤谋反，武则天命令周兴审讯，判郝象贤灭族罪。郝象贤临刑前，破口大骂武则天，揭发宫中隐秘的丑闻，骂得武则天尊严尽失，无地自容。从此直到武则天在位终了，犯人临刑时都要先用木丸塞住嘴。同年，东阳大长公主被削除封邑，和两个儿子一起迁徙到巫州[②]。因为东阳大长公主嫁给了高履行，而高履行是长孙无忌舅舅家族里的人，所以遭到武则天的憎恶。武则天就是这样，只要是她所忌恨的人，她一个也不会放过，即便已经是很远的亲属或同僚，她也要进行报复。这年，武则天 65 岁。

宰相造假献宝图

为讨好武则天，宰相武承嗣指使人在白石上凿上文字："圣母临人，永昌帝业。"然后把紫石捣成粉末掺上药物将字填平。指使雍州人唐同泰上表献石，声称这石头是从洛水中获得的。武则天很高兴，将这石头命名为"宝图"，提拔唐同泰为游击将军。五月十一日，武则天下诏亲自祭拜洛水，接受"宝图"，祭祀于南郊告谢，祭典结束，驾临明堂，接受群臣朝见，命令各州都督、刺史以及皇族、外戚在祭拜洛水前十天到神都洛阳。十八日，武则天加尊号为圣母神皇。

七月初一，大赦天下。将"宝图"改名为"天授圣图"，洛水改名为永昌洛水，封洛水神为显圣侯，加特进，禁止在洛水上捕鱼垂钓，祭洛水的礼仪如同四渎一样。将天授圣图出现的地点命名为圣图泉，泉的旁边设置永昌县。又改称嵩山为神岳，封嵩山神为天中王，授给太师、使持节、神岳大都督的官衔，禁止在山上砍柴放牧。又因为是在汜水县得到的瑞石，因此改汜水县为广武县。

---

① 古代帝王宣明政教的地方。

② 今湖南怀化。

后来，武则天祭拜洛水，接受“天授圣图”，皇帝李旦、皇太子李成器都随从，内外文武百官、蛮夷首领各按方位排列站立。珍禽、奇兽、各种珍宝陈列于祭坛前面，礼乐仪仗的盛大，参与者的众多，是唐朝开国以来所未有过的。

李唐宗室怒起兵

七月。武则天图谋取代唐朝，着手逐步清除李唐皇族。绛州刺史、韩王李元嘉[①]，青州刺史、霍王李元轨[②]，邢州刺史、鲁王李灵夔[③]，豫州刺史、越王李贞[④]及李元嘉的儿子通州刺史、黄公李撰，李元轨的儿子金州刺史、江都王李绪，虢王李凤[⑤]的儿子申州刺史、东莞公李融，李灵夔的儿子范阳王李蔼，李贞的儿子博州刺史、琅邪王李冲，凭才能和操行在皇族中都享有美名，武则天尤其忌恨他们。李元嘉等人内心不安，暗中企图挽救恢复皇帝李旦的权力。

李撰写密信给李贞假称：“妻子的病越来越重，如不赶紧治疗，拖延到冬天，恐怕要成为顽症。”后来武则天召集李唐宗室到明堂朝见，诸王于是轮番相互警戒说：“神皇（武则天）准备在朝见我们大摆宴席的时候，指使人告密，全部逮捕我们这些皇族，然后全部杀光。”李撰伪造用皇帝李旦的玺印密封的书信给李冲说：“朕被囚禁，诸王应当各自发兵救朕。”李冲又用伪造的皇帝李旦玺印密封的书信说：“神皇准备将李唐的国家交给武氏。”

八月十七日，李冲召集长史萧德琮等人，命令他们招募兵卒，同时分别告知李元嘉、李元轨、李灵夔、李贞，以及贝州[⑥]刺史、纪王李慎[⑦]，让他们各自起兵，共同向洛阳进发。武则天得知报告后，任命左金吾将军丘神勣为清平道行军大总管去讨伐他们。

---

① 李渊第十一子、李世民弟。
② 李渊第十四子、李世民弟。
③ 李渊第十九子、李世民弟。
④ 李世民第八子、李治兄。
⑤ 李渊第十五子。
⑥ 今河北邢台。
⑦ 李世民子。

李冲招募士兵5000余人，想渡过黄河，夺取济州[①]；先进攻武水[②]，武水县令郭务悌前往魏州求救。莘县[③]县令马玄素领兵1700人在中途截击李冲，因怕兵力不足以抗敌，于是进入武水县城，闭门防守。李冲用草车堵塞该城南门，乘风纵火焚烧城门，想乘火势冲入城中；不料火起后风向逆转，李冲的军队反而不能前进，因此士气低落。董玄寂指责李冲造反被斩示众，但是李冲的部下害怕与朝廷为敌，四下逃散，李冲制止不住，身边只剩下自家僮仆和左右共数十人。李冲逃奔博州[④]，在城门处被守门人杀死。这次起兵前后共七天就失败了。

越王李贞听说李冲起兵，也在豫州起兵，派兵攻陷上蔡[⑤]。九月初一，朝廷任命左豹韬大将军麹(qū)崇裕为中军大总管，岑长倩为后军大总管，领兵十万人讨伐李贞并削除李贞、李冲在皇族名册中的名字，改姓虺(huǐ)氏。

麹崇裕等率军到达豫州城东40里处，李贞派遣小儿子李规和汝南县丞裴守德迎战，结果溃败而回。李贞大惊，闭门自守。麹崇裕等攻打到城下，李贞、李规、裴守德自杀。他们和李冲一样都在东都皇宫门前阙楼下被悬首示众。

李贞起兵失败后，武则天打算处死韩王李元嘉、鲁王李灵夔等诸王，命令监察御史、蓝田人苏珦(xiàng)清查他们密谋的罪证。苏珦经过审讯，并没有查到明确的罪证，有人密告苏珦与韩王、鲁王等诸王串通，武则天召苏珦责问，苏珦直言争论，没有改变自己的看法。武则天说："你是才德高雅的读书人，朕将另有任用，这个案子不用你办理了。"便命令苏珦到河西监军，此案改由周兴等人审理。于是周兴将李元嘉、李灵夔、李撰、常乐公主等人抓捕到东都洛阳，并胁迫他们自杀，改他们姓虺氏，他们的亲属党羽也全部处死。

朝廷任命文昌左丞狄仁杰为豫州刺史。当时正在惩治李贞党羽，要判罪的有六七百家，籍没官府充当奴婢的有5000多人，司刑寺催促豫州官吏执行判决。狄仁杰给武则天上密奏说："这些人都是受连累的，臣想明白上奏，似乎是为叛逆者申辩，知而不言，又有悖于陛下仁爱怜悯之意。"武则天因此特别原谅了李贞的

---

① 今山东济宁。

② 今山东聊城西南。

③ 今山东莘县。

④ 今山东聊城。

⑤ 今河南上蔡。

党羽，改流放丰州[①]。所以他们都对狄仁杰感激不尽。

武则天召皇族到明堂朝见时，东莞公李融暗中派使者问成均[②]助教高子贡，高子贡回答说："来，必定死。"李融便称病不去。李贞发难时，曾派使者约李融一同起兵，他犹豫间没有响应，并在属官的逼迫下逮捕了李贞的使者上报朝廷，因此升任左赞善大夫。不久，又被亲属牵连，被处死于街市，家产也被查抄，高子贡也因此被处死。

济州刺史薛顗、弟弟薛绪以及薛绪的弟弟、驸马都尉薛绍，都与琅邪王李冲同谋。薛顗听说李冲起兵，就制造武器，招募士兵；李冲失败后，他们杀了录事参军高纂以灭口。十一月初六，薛顗、薛绪被处死，薛绍因娶太平公主的缘故，被打100棍后，饿死在监狱之中。

十二月初一，李元轨因与越王李贞同谋，被废黜并流放黔州[③]，用囚车押送行至陈仓[④]死去。李绪、殿中监公裴承先都被处死于街市。

至此，李唐王室一场力图恢复皇权的斗争，以失败而告终。除了当时的客观原因以外，范阳王李蔼向武则天告密并出卖了王室起兵的全部计划是其失败的重要原因之一。斗争失败后，武则天对李唐王室进行了大规模的清洗。

主建明堂封国公

二十七日，由薛怀义主建的明堂落成。共三层：下层按照四季来划分，四方各用本方的颜色；中层按十二时辰划分；上为圆顶，由九条龙捧起，顶上安置铁凤，高一丈，用黄金装饰。号称万象神宫。武则天设宴赏赐群臣，大赦天下，准许百姓入内参观。改河南县为合宫县。又在明堂北面造五层天堂以贮藏大佛像；登上第三层就可以俯视明堂了。薛怀义因主持修造明堂和天堂有功授左威卫大将军、梁国公。后来，武则天又赐给薛怀义鄂国公爵位。

次年，武则天任命薛怀义为新平军大总管，北伐突厥。进军到紫河[⑤]，没有

---

① 今内蒙古翁牛特旗乌丹镇。

② 大学中五学之一。

③ 今重庆彭水。

④ 今陕西陈仓。

⑤ 今内蒙古乌兰穆伦河。

遇见突厥人，在单于台[1]刻石纪功而回。不久，武则天又任命薛怀义为新平道行军大总管，领兵20万讨伐突厥阿史那骨笃禄。此是后话。

侍御史王求礼上书说："古代明堂，用茅草为顶不加修剪，以柞木作椽不加砍削。现在用珠宝玉石装饰，涂上各种颜色，铁凤高入云端，金龙藏进云雾，从前殷纣王的琼台、夏桀的瑶室，都无法超过它。"武则天对王求礼的上书，根本不予理睬。

永昌元年(689年)正月初一，朝廷合祭于万象神宫，太后武则天穿戴帝王的礼服礼帽，腰带上插着大圭[2]，手拿着镇圭[3]第一个献祭品，皇帝李旦第二个献，皇太子李成器最后一个献。先至昊天上帝座前，再次至唐高祖、唐太宗、唐高宗座前，再次至魏国先王武士彟座前，最后至五方帝[4]座前。武则天亲临则天门，大赦天下，改年号永昌。初三，武则天驾临明堂，接受朝贺；初四，在明堂施行政教，颁布教诲百官的九条政令。初五在明堂宴赏群臣。

二月十四日，武则天追尊武士彟为周忠孝太皇，杨氏为周忠孝太后。十五日，又追尊其祖先鲁公武克己为太原靖王，北平王武居常为赵肃恭王，金城王武俭为魏义康王，太原王武华为周安成王。

三月十九日，武则天问正字陈子昂，什么是当前要抓的重要政事。陈子昂上疏说："应当宽缓刑罚，崇尚德政，停止军事行动，减轻赋税徭役，抚恤慰问皇族，使他们各自安心。"陈子昂的上疏，词语委婉，意思深切，议论也不错。

谋反失败大牵连

四月二十二日，武则天处死辰州别驾、汝南王李炜，连州别驾、鄱阳公李諲(yīn)等皇族12人以后，又将他们的家属迁徙去巂州。二十七日，李諲的岳父、天官侍郎、蓝田人邓玄挺，也因犯知情不报罪被处死。

之前，皇族诸王起兵谋反时，只有贝州刺史、纪王李慎没有参与谋划，但也被

---

① 今内蒙古乌兰察布盟和林格尔县土城子。

② 皇帝所执的玉质手板。

③ 举行朝仪时天子所执的玉制礼器。

④ 青帝、赤帝、黄帝、白帝、黑帝。

牵连入狱。七月初七，被用囚车押送巴州，改姓虺氏，走到蒲州[①]而死。他的八个儿子，也相继被处死，家属被迁徙到岭南。

徐敬业起兵失败后，其弟徐敬真被流放绣州[②]，以后逃回来，准备投奔突厥。徐敬真路过洛阳时，洛州司马弓嗣业、洛阳令张嗣明提供财物送他离开；到达定州时，被官吏捕获，弓嗣业上吊身亡。张嗣明、徐敬真多诬告牵连海内相互认识的人，说他们图谋不轨，希望这样能免除死罪。于是朝野人士被牵连判死罪的人很多。最终，徐敬真、张嗣明也没逃脱一死，并被查抄家产。

八月十五日，秋官尚书、太原人张楚金，陕州刺史郭正一，凤阁侍郎元万顷，洛阳令魏元忠，都赦免死罪，流放岭南。当初，张楚金等都被徐敬真所诬告，说他们与徐敬业串通谋反。将执行死刑时，武则天派凤阁舍人王隐客骑快马传话赦免他们。

彭州长史刘易从也被徐敬真诬告。二十九日，在彭州[③]被处死。刘易从为人仁爱孝顺，忠诚谨慎，他将被在街市上行刑时，官吏和百姓都为他鸣不平，从四面八方来到刑场，争先脱衣扔在地上，说："为刘长史求冥福"。

十月初十，武则天处死皇族鄂州刺史、嗣郑王李璥等六人。十一日，嗣滕王李琦等六人免去死罪，流放岭南。

三十日，武则天下令，祭皇地祇时以太穆神皇后[④]、文德圣皇后[⑤]配享，周忠孝太后[⑥]随从配享。

陈子昂上疏说："现在陛下的政治，虽然尽善了，但太平的朝代，上下都乐于教化，不应当有乱臣贼子，触犯帝王的刑律而被处死。"又说："陛下致力于宽刑，狱官却在追求苛刻的刑罚，损害了陛下的仁德，以诬蔑太平的政治"。对于陈子昂的上疏，武则天未置可否，也没有加罪于他。

---

① 今山西永济。
② 今广西桂平南。
③ 今四川成都。
④ 李渊的窦皇后。
⑤ 李世民的长孙皇后。
⑥ 武士彟的继妻杨氏。

第八章

登帝位号称圣神皇　施暴政酷吏太张狂

载初元年、天授元年（690 年）十一月初一，武则天祭万象神宫，大赦天下。开始使用周历，改永昌元年十一月为载初元年正月，以十二月为腊月，夏历正月为一月。

意欲称帝改武曌

凤阁侍郎、河东人宗秦客改造“天”“地”等 12 个字进献。正月初八，朝廷下令推行。武则天自己命名为“曌”①，又因为曌、诏同音，改称“诏”为“制”。宗秦客是武则天堂姊的儿子。

《改元载初敕》则天文字 12 字

曌	丙	埊	囸	囝	〇	𠺞	𢘑	𡕀	𡔈	𠡦	𠙺
照	天	地	日	月	星	君	臣	载	初	年	正

据《新唐书》载，这 12 个字是武则天于载初年间所造。

曌，日月当空；丙，根据“天”字的篆字而改；埊，由“山、水、土”组合而成；囸，

① “曌”的意思是，日月当空，普照大地。

明朝人绘武则天像

"口"中"乙"代表中国神话中的太阳神鸟；囝，"口"代表月圆之形，"子"代表月亮上广寒宫里的玉兔或金蟾；〇，象形字；𠀑，由"天、大、吉"组合而成；𢘑，意为"一忠"；𡕀，载字的变体；埊，上天光明，照耀土地；𠡦，由"千"和"万"组成；𠙺，古文字。

这一年，武则天热衷于改字和造新字，但又多有忌讳。有个幽州人叫寻如意的，呈上了一封信说："'国'字里面是个'或'，而'或'是天下大乱的象征。请在'口'里写上'武'(圀)字来镇住它。"武则天看后非常高兴，就下令按照要求造字。过了一个多月的时间，又有人上书说："'武'退在'口'里，这和'囚'字没有什么两样，这是非常不吉祥的。"武则天看后非常惊讶，立刻追回了命令，改令"口"中为"八方"(圀)。后来皇帝李显果然在上阳(意照八方)宫囚禁了武则天。

恶吏诬告人自危

有一个叫侯思止的人，起初靠卖饼谋生，后来给游击将军高元礼当仆人，一贯诡诈无赖。一次，恒州刺史裴贞杖责一名判司(判官)，判司指使侯思止诬告裴贞与李渊第十七子、舒王李元名谋反，七月初七，李元名因此被废黜，迁徙到和州[①]。初八，李元名的儿子、豫章王李亶被处死；裴贞也被灭族。朝廷提拔侯思止为游击将军。当时，告密的人往往能当五品官，侯思止要求担任御史，武则天说："你不识字，怎么能担任御史！"回答说："獬豸(zhì)[②]哪里识字，只能用角触邪恶的人。"武则天高兴，当即任命他为朝散大夫、侍御史。过了几天，武则天将早先没收罪犯的住宅赐给他，侯思止不肯接受，说："我憎恶叛逆的人，不愿意居住他们的住宅。"武则天更加赞赏他。

王弘义，衡水[③]人，一贯品行不好，曾向邻居讨瓜吃，邻居不给，他便向县官

---

① 今安徽和县。
② 古代传说中的上古神兽。
③ 今河北衡水。

报告说，瓜田里有白兔；县官派人搜捕，结果瓜田都被踩坏了。他又游历赵州、贝州，见乡间父老作佛事活动，便诬告他们谋反，结果杀死200余人。王弘义被提拔为游击将军，很快又升任殿中侍御史。有人密告胜州都督王安仁谋反，武则天命令王弘义审讯他，王安仁不服，王弘义就砍下他的脑袋，又砍下他儿子的脑袋，用盒子盛着带走。

一个是卖饼的无赖，一个是十足的地痞流氓，竟然也能被武则天重用。这里除了武则天的严重失察外，与她耿耿于怀的"个人崇拜"心态密切相关。还有，她推行了一条完全取决于个人好恶的政策。于是，魑魅魍魉蜂拥而出，贪鄙酷吏横行霸道，残害吞噬了多少无辜的生命。

当时武则天设置的特别监狱设在丽景门内，被关入这个监狱的人，就没有活着出来的，所以王弘义戏称丽景门为"例竟门"，凡是进入此门的人"例皆竟也"，"竟"，是完结的意思。朝廷官员人人自危，相见时不敢交谈，在路上相遇只能用眼睛示意。有的人入朝时突然被秘密逮捕，因此大臣们每次入朝前，都要与家人诀别说，不知道是否还能再相见。

当时执法的官吏竞相施行严刑峻法，只有司刑丞徐有功、杜景俭保持公平宽恕，被告发的人都说："遇到来俊臣、侯思止一定死，遇到徐有功、杜景俭还能生还。"

徐有功以宽大为治狱原则，对被酷吏诬陷的人，徐有功都为他们平反，前后救活数十上百家。徐有功曾在朝廷争辩有关刑狱的事，武则天严厉斥责他，左右都替他捏了一把汗，而他神色不变，争辩更加坚决。武则天虽然好杀人，但知道他为人正直，对他很恭敬。

僧人伪撰大云经

东魏国寺和尚法明等撰写《大云经》四卷，上奏表将书进献，书中说武则天是弥勒佛降生，当取代唐朝作为人间的主宰。武则天下令将它颁布于天下。

武承嗣指使周兴罗织罪名告发隋州刺史、泽王李上金，舒州刺史、许王李素节谋反，武则天下制书，命令他们到朝廷受审。后来李素节被吊死，李上金自杀。不久又处死了他们的儿子和亲属。

武则天一心想将自己的女儿太平公主嫁给她伯父武士让的孙子武攸暨。武攸暨当时任右卫中郎将，武则天秘密指使人杀死武攸暨的妻子然后将太平公主嫁给他。

太平公主方额大腮，多权变谋略，武则天以为同自己相像，因此特别宠爱她，常同她秘密议论天下大事。由此可见，武则天年轻时的长相也应该如此。看来唐朝以“丰满高大”为美确实是有依据的。按旧制规定，朝廷赐给封户，诸王不能超过 1000 户，公主不能超过 350 户；唯独太平公主却连续追加至 3000 户。

八月十一日，朝廷杀太子少保、纳言裴居道。二十日，杀尚书左丞张行廉。二十八日，杀南安王李颖等皇族 12 人，又用鞭子打死已故太子李贤的两个儿子。至此唐朝皇族差不多都被清除了，年幼还活着的也都流放岭南，又处死他们的亲党数百家。只有千金长公主靠善于献媚得以保全性命，她自己请求做武则天的女儿，并改姓武氏；武则天喜欢她，改封号为延安大长公主。

千金公主是李渊的女儿，论辈分是武则天的长辈，至少也是同辈。为了保住性命，不惜拜母改姓。当时，在武则天的高压排异的强权政治之下，要想保命就得学会阿谀奉承、讨好卖乖，即便是皇族成员也不例外，千金公主就是最好的例证。

登位初称圣神皇

九月初三，侍御史、汲县人傅游艺率领关中百姓 900 多人到皇宫前上奏表，请求改国号为周，赐皇帝李旦姓武氏。武则天没有允许，但提升傅游艺任给事中。于是百官以及帝室的同宗亲属、远近百姓、四夷的酋长、和尚、道士共60 000多人，都上表提出同样的请求，皇帝李旦也上表请求赐姓武氏。初五，群臣进言有凤凰从明堂飞入上阳宫，又飞回停在左台的梧桐树上，过了很久，才向东南飞去；还有赤雀数万只飞集朝堂。

如此荒唐的个人崇拜，如此规模的群体上表，如此众多的瑞鸟光临，也许只有在武则天时代才会出现，而且蔚为壮观，令人惊叹不已。

初七，武则天终于同意了皇帝李旦及群臣的请求。初九，武则天登上则天门城楼，宣布大赦天下，改唐为周，更改年号。十二日，上尊号称圣神皇帝，以皇帝李旦为皇位继承人，赐姓武氏；以皇太子李成器为皇太孙。

这年，即载初元年、天授元年(690 年)，武则天堂而皇之地登上了皇帝宝座，梦寐以求的愿望终于实现。九月初九，67 岁的武曌登上则天门城楼正式称帝。成为中国历史上唯一一个正统的女皇帝，同时也是继位年龄最大的皇帝。这是个疯狂的年代，皇帝的性别变了，朝代的名称变了，原皇帝的姓氏也变了。在这之前，虽然大臣们早已习惯称呼武则天为陛下，但是她一直没有得到皇帝的尊号，现在终于有了圣神皇帝的尊号，总算名副其实了。

武则天正式称帝以后，像历朝皇帝一样追封自己祖上七代为皇帝。十三日，废除唐朝宗庙，只祭祀高祖李渊以下三室，其余废除不祭。之后，又"尽封武姓诸人为王"。封武承嗣为魏王，武三思为梁王，武攸宁为建昌王，武士彟哥哥的孙子武攸归、武重规、武载德、武攸暨、武懿宗、武嗣宗、武攸宜、武攸望、武攸绪、武攸止都封为郡王，诸姑姊都封为长公主。武氏皇帝及皇族就此诞生，可谓是空前绝后。

然而，空前绝后的事情绝非仅此而已，皇帝的性别变了，后宫的性别也随之改变。那些婀娜多姿的女侍，一夜之间全部换成了风流倜傥的男宠。乃至男女换位、牝鸡司晨、龙凤倒置的现象比比皆是。唯一不变的是太监，男皇帝用之宫女安全；女皇帝用之自己安全。

接下来，武则天又任命司宾卿史务滋为纳言，凤阁侍郎宗秦客为检校内史，给事中傅游艺为鸾台侍郎、平章事。傅游艺与岑长倩、右玉钤卫大将军张虔勖、左金吾大将军丘神勣、侍御史来子珣等都被赐姓武氏。宗秦客私下劝武则天改换朝代，所以首先被任命为内史。傅游艺一年之间穿遍了青、绿、朱、紫四种颜色的官服，由九品官做到了三品官，被当时人称为四季官。

武则天下令改州为郡，有人对武则天说："陛下刚改唐为周就废除州(周)，不吉利。"武则天立即追回成命。不久，武则天又封她哥哥的孙子武延基等六人为郡王。

十月二十九日，武则天命令长安、洛阳两京和各州分别修建大云寺一座，收藏《大云经》，并让僧人升座讲解，将撰写《大云经》注疏的僧人云宣等九人都赐爵县公，还赐给他们紫袈裟、银龟袋。武则天下令，天下姓武氏的人都蠲免赋税徭役。

天授二年(691 年)正月初一，武则天首次在万象神宫接受的"圣神皇帝"尊号，旗帜崇尚赤色。初二，改在神都洛阳设立社稷坛。初九，安置武氏神主于太庙；唐朝在长安的太庙被改名为享德庙。四季只祭祀高祖以下三庙，其余宣帝、元帝、光帝、景帝四室都关闭不复祭祀。又改长安崇先庙为崇尊庙。十三日，冬至，武则天合祭于明堂，祭昊天上帝，百神陪从受祭，武氏祖宗配享，高祖李渊、太宗李世民、高宗李治也一同配享。

来俊臣请兄入瓮

正月。御史中丞、知大夫事李嗣真因酷吏横行，上疏说：现在告发的事情很多，其中虚妄的多，确实的少，恐有邪恶之徒阴谋离间陛下和臣属的关系。不能让九品小官审讯定案，掌握生杀大权，窃取君主权威，这是国家的祸害。武则天没有听从。此时，饶阳[①]县尉姚贞亮等数百人上表，请求为武则天上尊号为上圣大神皇帝，武则天没有允许。

一月。纳言史务滋和来俊臣一同审讯刘行感案件。来俊臣上奏说史务滋和刘行感关系密切，有意包庇他的谋反罪状。武则天命令来俊臣同时审查史务滋。史务滋因此畏惧自杀。

有人告发文昌右丞周兴与丘神勣串通谋反，武则天命令来俊臣审讯他。来俊臣与周兴一边讨论事情，一边共同进餐。来俊臣问周兴说："囚犯不肯认罪，怎么办？"周兴说："这很容易，取一个大瓮，炭火在四周烤，再让囚犯进入瓮中，还有哪个囚犯敢不认罪？"于是来俊臣找来一个大瓮，按周兴说的办法在四周用火烤，然后站起来对周兴说："有宫中的文书要审问老兄，请老兄入瓮！"周兴惶恐叩头认罪。依法应判周兴死刑，武则天赦免他，改为流放岭南，途中被仇人杀死。周兴发明的酷刑，险些为自己所用。成语"请君入瓮"源出于此。

早在李治年间，周兴任河阳县令时被召见，准备提拔，有人上奏说周兴不属清流（士族称为清流）官，这才作罢。而周兴并不知道，多次在朝堂等候任命。各位宰相都不告诉他实情，地官尚书、检校纳言魏玄同当时任同平章事，对周兴说："周县令可以回去了。"周兴以为魏玄同阻止自己提拔，因此怀恨他。周兴因此上奏诬陷魏玄同，说魏玄同曾说过，"太后已经老了，不如事奉皇帝长久。"武则天大怒，赐魏玄同在家中自尽。

周兴与索元礼、来俊臣竞相施行暴虐，周兴、索元礼各杀数千人，来俊臣毁灭

---

① 今河北饶阳。

一千多家。索元礼尤其残酷，判罪杀人最多，因此武则天也将他杀了，以抚慰人们的怨恨情绪。

九月初八，朝廷杀岐州刺史云弘嗣。来俊臣审讯他，不问一句口供，先砍下他的脑袋，然后伪造案情上奏，杀大将军张虔勖时也采用这种办法。武则天的谕旨都照准，天下人都不敢说三道四。鸾台侍郎、同平章事、四季官傅游艺做梦登上湛露殿[①]，并将此事告诉了他亲近的人，结果也被告发。二十五日，傅游艺被捕入狱，自杀身亡。

其实，从古至今，越是所谓亲近的人，越不可靠，就像定时炸弹一样随时可能被引爆。像傅游艺这样的事例还少吗？

拍马过当遭杖杀

二十六日，朝廷任命左羽林卫大将军、建昌王武攸宁为纳言，洛州司马狄仁杰为地官侍郎，与冬官侍郎裴行本一并任同平章事。武则天对狄仁杰说："你在汝南时，很有善政，你想知道是谁诬陷你的吗？"狄仁杰感激地说："陛下认为我有过失，请准许我改过；如果没有，那是我的幸运，不愿知道是谁诬陷我。"武则天听了深为感叹并称赞他。

在这以前，凤阁舍人张嘉福指使王庆之等数百人上奏表，请求立武承嗣为皇太子。文昌右相、同凤阁鸾台三品岑长倩认为皇嗣李旦尚在东宫，不能提出这样的建议，因此上奏请求严厉谴责上奏表的人，让他们离去。武则天又询问地官尚书、同平章事格辅元，格辅元也坚持说不可以立武承嗣。这就大大违背了诸位武氏掌权者的意愿，于是他们竭力排斥岑长倩，命令岑长倩西征吐蕃，尚未到达前线，又被征召回来，关进武则天的特别监狱。武承嗣又诬陷格辅元。来俊臣又胁迫岑长倩的儿子岑灵原，让他告发司礼卿兼判纳言事欧阳通等数十人谋反。来俊臣审讯欧阳通，毒刑用遍，欧阳通始终不认罪，来俊臣便假造他认罪的口供。十月十二日，岑长倩、格辅元、欧阳通等都被处死。

不久，王庆之前来朝见武则天，武则天说："皇嗣李旦是我的儿子，为何要废黜他？"王庆之回答说："神灵不享受别族人的祭品，百姓不祭祀别族的鬼神。现

① 皇帝召见重臣的地方。

在是谁拥有天下，却要以李氏为继承人吗?”武则天指示将王庆之遣送出去。王庆之趴在地上，以死泣请，不肯离去，武则天给他一张盖有印章的凭证说:“以后想见朕，拿它给守门人看。”此后，王庆之屡次求见，武则天很不高兴，命令凤阁侍郎李昭德赐王庆之杖刑。李昭德将王庆之领出光政门外，指着王庆之对官员们说:“这家伙想废黜当朝皇嗣，立武承嗣为太子”，命令将王庆之摔倒，摔得他耳朵、眼睛都流血，然后用刑杖将王庆之打死，其党羽才散去。

看看王庆之这副“以死泣请”的拍马嘴脸，既可嫌，又可怜，还可怕。马屁拍到死缠烂磨这个份上，也算是到家了。

李昭德看到这种情况后，向武则天进言说:“天皇，是陛下的丈夫;皇嗣，是陛下的儿子。陛下拥有天下，应当传给子孙作为万代家业，怎么能立侄子为继承人呢！自古以来没有侄子作天子而为姑母立庙的！况且陛下受天皇临终托付，如果将天下交给武承嗣，那么天皇就没有人祭祀了。”武则天同意李昭德的进言。

这一时期，拍马过头的被杀，不拍马的也难逃厄运。右卫将军李安静是贞观名臣李纲的孙子。武则天准备称帝，王公、百官都上表劝进，只有李安静严正地拒绝，被来俊臣处死。

当时，拍马求官、讨好邀宠的人络绎不绝。右拾遗张德，生儿子三天，私自宰羊宴请同事，补阙杜肃怀揣宴席上羊肉等食物，上表向武则天告发。第二天，武则天临朝听政，对张德说:“听说你添了个儿子，朕为你高兴。”张德拜谢。武则天问:“从哪里弄来的肉?”张德叩头认罪。武则天说:“朕禁止屠宰牲畜，有吉凶事不相干。但你今后请客，也需要选择人。”说完拿出杜肃的奏表给他看。杜肃十分难堪，满朝文武官员都想用吐沫啐他的脸。

在武则天执政期间，还有一些人为巴结讨好权贵，有伏在地上当马凳的，有捧尿壶的，甚至嗜粪的，他们不惜任何下贱的手段，极尽谄媚之能事。

试任官吏太泛滥

如意元年、长寿元年(692年)一月初一，武则天接见存抚使所荐举的人员，无论有才能与否，都加以任用，才高的试任凤阁舍人、给事中，其次的试任员外郎、侍御史、补阙、拾遗、校书郎。试任制度从此开始。当时人编顺口溜说:“补阙连车载，拾遗用斗量，杷推侍御史，腕脱校书郎。”有个被荐举的人沈全交补充说:

"糨糊粘心的存抚使，眯了眼睛的圣神皇。"御史纪先知将他擒获，揭发他诽谤朝政，请求对他实施杖刑，然后依法判决。武则天笑着说："只要你们不是只当官不办事的人，为何怕人家说话！应该赦免他的罪。"纪先知因此大为惭愧。武则天虽然滥用禄位以笼络天下人心，但对不称职的人，也随即撤职，或加以判刑或处死。她自己掌握着刑罚和赏赐的权柄以驾驭天下之人，政令由自己做出，明察事理，善于决断，所以当时的杰出人才也争相为她所用。

武则天改革朝政，举人不再进行考试就可以做官，可授予御史、评事、拾遗、补阙等职，一时间这些官数不胜数。张鷟写了上述顺口溜进行讥讽。后来"武则天因吏部选官不实，问题很多。于是下令在送选的案卷上自己把名字糊上（密封试卷）。由吏部主官无记名而定职任，或任用或淘汰。考查糊名之始，始于武则天。"此外，应举的人入京参加殿试也自武则天始。

宁陵县丞郭霸，依靠对武则天阿谀奉承以求取禄位，当上了监察御史。御史中丞魏元忠患病，郭霸去探视，亲口尝他的粪便，高兴地说："大夫的粪便如果味甘便可忧了；现在是苦的，没有大碍。"魏元忠因此极其厌恶他，逢人就揭露这件事。

一月初二，朝廷任命夏官尚书杨执柔为同平章事。武则天因杨执柔是她母亲家族里的人而加以任用。

此外，武则天还搜罗了一些落榜的秀才和村中的教书先生，不经过考试和锻炼，就给一个很美的差事。

武则天一朝，也任用了一些正面人才，较为出名的有娄师德、徐有功、狄仁杰、张柬之等人。但是，也有不少酷吏和庸才，如周兴、来俊臣、索元礼、薛怀义、张易之、张昌宗等，以及武氏宗族的人。

稍有醒悟听上疏

左台中丞来俊臣罗织罪名告发任知古、狄仁杰、裴行本、崔宣礼、卢献、魏元忠、李嗣真七人谋反。这以前，武则天曾下令一经审问即承认谋反的人可以减免死罪。任知古等人入狱后，来俊臣便用这道命令引诱他们认罪。狄仁杰回答说："大周改朝换代，万物更新，唐朝旧臣，甘愿听任诛戮。谋反是事实！"来俊臣便对他稍加宽容。

当时，狄仁杰已经承认谋反，有关部门只等待判罪执行刑罚，不再严加防备。狄仁杰便从被子上撕下一块布帛，书写冤屈情况，塞在棉衣里面，对判官王德寿说："天气热了，请将棉衣交给我家里人撤去丝棉。"王德寿同意。狄仁杰的儿子狄光远得到帛书，说有紧急情况要报告，受到武则天的召见。武则天看了帛书，质问来俊臣，并派通事舍人周綝前往查看。来俊臣又伪造狄仁杰等的谢死罪表，让周綝上奏武则天。

乐思晦的儿子未满十岁，被籍没入掌粮食积储的司农寺为奴，他要求上报特别情况，获得武则天召见。武则天问乐思晦的儿子有什么情况，他回答说："我父亲已死，家已破，只可惜陛下的刑法被来俊臣等所玩弄，陛下如果不相信我说的话，请选择朝臣中忠诚清廉、一贯信任的人，说他们谋反交给来俊臣，他们都会承认谋反的。"武则天听后稍有醒悟，召见狄仁杰等人，问道："你承认谋反，为什么？"狄仁杰回答说："不承认，便已经死于严刑拷打了。"武则天说："为何作谢死罪表？"狄仁杰回答说："没有。"武则天出示所上的奏表，才知道是伪造的，于是武则天赦免了狄仁杰等七人。正月初四，任知古降职为江夏县令、狄仁杰降职为彭泽县令、崔宣礼降职为夷陵县令、魏元忠降职为涪陵县令、卢献降职为西乡县令；流放裴行本、李嗣真于岭南。

一月初八，补阙薛谦光上疏认为："选拔人才的办法，应该使朝廷能得到有真才实学的人，录取和舍弃什么样的人，关系到国家的教化。现今选拔人才，都赞许自求举荐，于是奔走门路，相互争胜，自己大吹大擂而无愧色。"又说："从前汉武帝读了司马相如所作的《子虚赋》，恨不能与他同时代，等到得知他是当代人，安置他在朝廷，最终只让他担任汉文帝的陵园令，掌管陵园扫除之事，这是知道他不能胜任公卿职务的缘故。吴起将出战，身边的人递给他剑，吴起说，为将的任务是提战鼓挥动鼓槌，临阵解决疑难问题，用剑，不是为将的事情。如此说来，徒有文才如何足以辅佐时政，善于射箭如何足以克敌制胜！"武则天没有表态。四月初一，大赦天下，更改年号为如意。

劝谏酷政渐收敛

七月。夏官侍郎李昭德私下对圣神皇帝武则天说："魏王武承嗣权太重。"武则天说："他是我的侄儿，所以任为亲信。"李昭德说："侄儿对于姑姑，怎么能比得上儿子对于父亲亲近？儿子还有杀死父亲的，何况侄儿呢！现在武承嗣既是陛下的侄儿，又是亲王，还任宰相，权势与君主等同，我恐怕陛下不能久安于天子之位！”武则天震惊地说：“朕没有想到这点。”八月十六日，武则天任命文昌左相、同凤阁鸾台三品武承嗣为特进，纳言武攸宁为冬官尚书，夏官尚书（兵部尚书）、同平章事杨执柔为地官尚书（户部尚书），一并罢去宰相职务；任命秋官侍郎崔元综为鸾台侍郎，夏官侍郎李昭德为凤阁侍郎，检校天官侍郎姚璹（shú）为文昌左丞，检校地官侍郎李元素为文昌右丞，与司宾卿崔神基并任同平章事。十九日，朝廷任命营缮大匠王璿为夏官尚书、同平章事。

武承嗣也向武则天诋毁李昭德，武则天说：“朕任用李昭德，才睡得安稳，他可以为朕代劳，你不要说了。”

酷吏恣意横行，百官畏惧他们，只有李昭德敢于在朝廷揭露他们的邪恶。武则天迷信祥瑞，有人进献有赤色花纹的白石，主管官员责问他这石头有什么特别之处，回答说：“因为它的心忠诚。”李昭德大怒说：“这块石头的心忠诚，其他石头全都造反吗？”身边的人都发笑。襄州人胡庆用红漆在龟的腹部书写“天子万万年”几个字，到皇宫门口进献。李昭德用刀把字刮除干净，奏请将进献者法办。武则天说：“这个人用心并不坏。”命令释放他。

自垂拱年以来，武则天任用酷吏掌权理政，先处死唐朝皇族和贵戚数百人，又杀害大臣数百家，杀害刺史、郎将以下的数不清。当时告密的人也数不清，武则天命令监察御史严善思查问，查出被诬告服罪而死的有850余人。

右补阙朱敬则认为武则天的本意是用刑罚来禁止不同意见，现在既已登上帝位，人心也已安定，就应减刑罚，崇尚宽大，于是上疏说：“李斯辅助秦国，用刻薄欺诈手段屠杀诸侯，不知道及时改变为宽大温和，终于土崩瓦解”。又说：“自文明年间帝业初创，一切刚刚开始，韩王、霍王等三位皇叔散布流言，徐敬业等四个元凶制造祸乱，这时候不用手段套出实情，不能应天命顺人心”。最后说：“去掉诬陷者的牙和角，挫去邪恶阴险者的锋芒，堵塞罗织罪状的源头，扫除结党营私的痕迹，使天下百姓无忧无虑，岂不快乐！”武则天赞许他的话，赏赐他300段帛。

侍御史周矩上疏说：“审问犯人的官吏都以残暴相夸耀，泥塞耳朵，笼罩脑袋，用重枷磨脖颈，在头上加箍再打进楔子，打折胸骨，手指钉竹签，吊头发，薰耳朵，号称为‘狱持’。或者多日减少供应食物，通宵审问，昼夜摇撼，不让睡觉，号称为‘宿囚'。……都说天下太平,有什么必要造反?难道被告发的人全是英雄,想谋取帝位吗?只是受不住酷刑,被迫认罪罢了。希望陛下考察。……愿陛下减缓刑罚,施行仁义,则天下百姓就很幸运了!"武则天采纳他的意见,因此囚犯逐渐减少。

武则天年岁虽大,但她善于修饰自己的容貌,即使在她身边的人也感觉不出她衰老。二十四日,武则天下制书说自己牙齿脱落后又长出了新牙。九月初九,武则天到则天门宣布赦免天下罪人,更改年号长寿。这年,武则天69岁。

第九章

兴诬告主子遭诽谤　犯妒心薛师毁明堂

则天皇后长寿二年(693年)正月(前一年十一月)初一,武则天在万象神宫祭祀,让魏王武承嗣第二个献祭品,梁王武三思最后一个献祭品。武则天自编神宫乐,用乐舞人员900人。

婢女诬主太猖狂

有一个宫中守门的官婢[①]团儿,很受武则天的宠信。她对皇嗣武旦不满,于是诬陷皇嗣妃刘氏、德妃窦氏,说她们用邪术诅咒武则天。初二,皇嗣妃与德妃朝见武则天于嘉豫殿后同时被杀,尸体掩埋在宫中,没有人知道掩埋的地方。皇嗣畏惧武则天,不敢声张。在武则天面前一如既往。进而团儿又想陷害皇嗣,有人将团儿的预谋告诉武则天,武则天才杀了团儿。当时,告密的人都引诱别人的奴婢告发他们的主人,以谋取功劳赏赐。德妃的母亲庞氏夜间向神祈祷以消除妖异,被家奴告发,险被处死。

看看,这是什么世道,低贱的奴婢都敢无端诬陷主子,甚至是皇位继承人的妃子,武则天居然也能相信。这从侧面反映出其时诬陷成风,朝廷与皇家在此风

① 因罪没入官府作奴婢的女子。

气之下已毫无秩序和尊严可言。

一月初十，武则天任命夏官侍郎娄师德为同平章事。娄师德为人宽厚，清廉谨慎，冒犯他也不计较。他与李昭德一同入朝，娄师德身体肥胖行动缓慢，李昭德老等他不来，便怒骂他："乡下佬！"娄师德笑着说："我不作乡下佬，谁作乡下佬！"娄师德的弟弟授任代州刺史，将要赴任时，娄师德对他说："我任宰相，你又为州刺史，得到的恩宠太盛，是别人所妒忌的，你将如何避祸？"其弟直身而跪说："今后就是有人用吐沫唾我脸上，我只擦拭而已，希望哥哥不要担忧。"娄师德忧虑地说："这正是我所担忧的！人家唾你脸，是因为恨你，你擦拭，便违反人家的意愿，正好加重人家的怒气。唾沫不擦自己会干，应当笑而承受。"

武则天时期臣子们都被逼迫到了这种地步，唾面自干逆来顺受。

恶吏滥杀竟获赏

二月十五日，有人告发岭南流放人员谋反。武则天派遣司刑评事万国俊代理监察御史前往查问。万国俊到达广州后，召集全部流放人员，假传武则天命令让他们自尽。流放人员呼喊着不服罪，万国俊将他们驱赶到河边，全部斩首，一个早上就杀死 300 多人。然后伪造他们谋反的罪状，回来上报。同时还对武则天说其他各道的流放者，也一定有因怀恨而谋反的，应当及早清除。武则天高兴，提升万国俊为朝散大夫、行侍御史。武则天又派遣多人到各道审查流放人员。众人见万国俊杀人多而受到奖赏，争相仿效。后来武则天知晓滥杀的情况，因此下令"六道流放人员未死的连同他们的家属，都准许返回家乡。"

万国俊由于杀人无数，有一次他从衙门外出，发现道路上全都是鬼。他向鬼求饶，喊声悲惨痛苦，不一会他又按着马鞍，把舌头伸出几寸长，全身都青肿了。把他运回住所，半夜就死了。

万亿金钱建天枢

九月初一，魏王武承嗣等 5000 人上表请求武则天加尊号为金轮圣神皇帝。初九这天，是武则天建立大周的三周年纪念日。武则天到万象神宫，接受了尊号并赦免天下罪人。朝廷制作了周游四方的金轮宝、稳坐泰山的白象宝、能生千子的女宝、象征千里马的马宝、财源无尽的珠宝、所向披靡的主兵臣宝、洞察一切的主藏臣宝等七宝。

长寿三年、延载元年(694 年)四月初九，朝廷任命夏官尚书、武威道大总管王孝杰为同凤阁鸾台三品。五月，魏王武承嗣等人给武则天上尊号为越古金轮圣神皇帝。十一日，武则天驾临则天门城楼接受尊号，大赦天下罪人，更改年号延载。

六月。河内地方[①]有一位老尼姑，居住在神都麟趾寺，与嵩山[②]人韦什方等人以邪说迷惑百姓。老尼姑自号净光如来，说能预知未来；韦什方自称是三国时出生的人。武则天很信任器重他们，赐韦什方姓武氏。七月初一，朝廷任命韦什方为正谏大夫、同平章事，诏书中说："韦什方胜过轩辕时代的广成子[③]，超越汉朝的河上公[④]。"八月，韦什方要求返回嵩山，武则天命令免去他的职务，遣送他回到嵩山。

武三思等率领四夷首领请求用铜铁铸造大"天枢"柱，树立在端门外，柱上有记述废贬李唐、称颂武周的铭文；任命姚璹为督作使。四夷首领筹钱百万亿，买铜铁尚不够用，又征收民间的农具作为补充。

内史李昭德倚仗武则天的信任，独揽大权，意气用事，很多人都憎恨他，上奏揭发李昭德专权的事实，引起了武则天的憎恨。二十一日，李昭德被降职为南宾县尉，不久又将他流放。

一天，武则天拿出一枝梨花给宰相们看，宰相们都认为是吉兆。只有杜景俭说："现在草木枯黄凋落，而梨树却开花，这是阴阳错乱，过失就在我们这些人。"他因此跪下谢罪。武则天赞许道："你是真正的宰相。"

天册万岁元年、证圣元年(695 年)正月初一，武则天加尊号为慈氏越古金轮圣神皇帝，大赦天下，更改年号为证圣。

---

① 今河南黄河北岸。

② 今河南嵩山。

③ 古代传说中的神仙。

④ 黄老哲学的集大成者。

怀义生妒毁明堂

当初，明堂已落成，武则天命令薛怀义用麻布夹缝制作大佛像，佛像的小指中就能容下数十人，在明堂北面构筑天堂用来贮存。天堂初造时曾被风吹倒，又重新再造，每天役使万余人，采集木料于江河山岭，数年之中，所用花费都要以万亿来计算，国库因此耗尽。薛怀义花钱如粪土，武则天全都听之任之，不加过问。每次举行无遮（没有遮拦）法会，用钱万缗；等四方男女汇集起来，又散钱十车，让他们争抢拣拾，有人因此被踩死。各地的公私田宅，多数被薛怀义占有。

薛怀义不喜欢入宫，多数时间居住在白马寺，他剃度身强力壮的僧人千余名。侍御史周矩怀疑薛怀义有阴谋，一再请求审查他。武则天说："你且先回去，朕即命令他去你那里。"周矩回到御史官署，薛怀义随后也到了，他就着台阶下马，露腹坐在椅子上。周矩召集手下吏卒要审问他，他立即跃上马飞驰而去。周矩上报薛怀义的行为，武则天说："这个道人患疯病，不值得审问，他所剃度的僧人，任由你去处理。"于是周矩将僧人们全部流放到边远的州县。武则天升任周矩为天官员外郎。

武则天作无遮法会于明堂，挖地为坑，深五丈，结扎彩绸作为宫殿，佛像都从深坑中拉出，说是从地下涌出来的。又宰牛取血，用来画大佛像，佛像的头高200尺，诈称是薛怀义刺膝取血画的。初八，在天津桥南边张挂大佛像，摆上供神佛用的食品。

当时御医沈南璆（qiú）也得到了武则天的宠幸，薛怀义对此十分不满，一天夜里秘密焚烧天堂，又延烧到明堂，火光照得洛阳城中如同白昼，到天亮时天堂、明堂全部烧光，狂风还刮坏了用牛血画的佛像，断成数百段。武则天羞愧而不敢说明实情，只说是在天堂里干活的工匠疏忽烧着麻布佛像，而殃及明堂。大火还蔓延到了金银库，那些金银都化成了水，平地就有一尺来深。有人误入其中，立刻就被烧焦了。当时全城臣民正在聚饮，左拾遗刘承庆请求停止朝会和聚饮，认为这是上天的谴责，武则天准备听从。姚璹说："从前周代成周城宣榭失火，占卜的结果是朝代更加兴盛；汉武帝时柏梁台失火后再造建章宫，盛德更加久远。现在明堂只是发布政令的场所，并不是宗庙，不应自我贬责。"武则天于是登上端门城楼，像平常一样观看臣民聚饮。

之后，武则天命令重新建造明堂、天堂，仍然任命薛怀义主持建造；又为九州各铸一座铜鼎及十二属相神，都高一丈，安置在各自的方位。明堂烧毁后，河内老尼姑入宫安慰武则天，武则天怒斥她，说："你经常说能预知未来，何以不能预言明堂火灾?"因此将她驱逐回河内，她的弟子及老胡人都逃散了。武则天将明堂失火的事禀告太庙，并下令征求直言。

薛怀义日益骄傲放纵，武则天渐渐憎恨他。薛怀义焚烧明堂后，内心也不安，言语多不恭顺。武则天秘密挑选100多名身强力壮的宦官来防备他。初四，在瑶光殿前树下将薛怀义逮捕，又让建昌王武攸宁率领壮士将他打死，将尸体送往白马寺，焚尸造塔。

十六日，武则天除去"慈氏越古"的称号。四月，当初由武三思等人请求铸造记录太后功德的天枢柱建成，高105尺，直径12尺，柱身八面，每面宽五尺。所用铜铁超过200万斤。大柱下面是一座铁山，周边长170尺，环绕铁山的是铜做的蟠龙和麒麟；柱顶上铸一个腾云形的承露盘，直径三丈，四个龙人站在盘上捧火珠，火珠高一丈。工人毛婆罗造模型，武三思撰文，天枢上刻有百官和四夷首领的姓名，武则天亲自书写匾额为"大周万国颂德天枢"。

九月初九，武则天合祭天地于南郊，加尊号为天册金轮大圣皇帝武则天，大赦天下，更改年号天册万岁。

万岁登封元年、万岁通天元年(696年)腊月初一，武则天从神都洛阳出发。十一日，祭天于神岳嵩山，大赦天下，改年号为万岁登封，让天下百姓免交今年租税，全国会饮九天。十六日，武则天登上朝觐坛接受朝贺。

三月十六日，新明堂落成，高294尺，纵横300尺，规模大致小于被烧毁的明堂。上面放置涂金铁凤，高二丈，后来被大风损坏。另造铜火珠，由群龙捧着，定名为通天宫。是日，大赦天下罪人，改年号为万岁通天。

第十章

平契丹安抚老百姓　争宠幸各自显高明

大食(yì)国[1]请求向唐朝进献狮子，姚璹上疏说：狮子专门吃肉，而肉很难得到，陛下连鹰犬都不畜养，渔猎也全部停止，哪能对狮子额外优待！于是武则天不接受。

契丹起兵反大唐

五月十二日，营州[2]契丹松漠都督李尽忠、归诚州[3]刺史孙万荣起兵反唐，攻陷了营州，杀了都督赵文翙(huì)。李尽忠是孙万荣的妹夫，他们都居住在营州城。赵文翙傲慢而固执，契丹发生饥荒，他不赈济，对待他们的首领就像对待奴仆一样，所以孙万荣、李尽忠两人因怨恨而造反。二十五日，唐朝派遣左鹰扬卫将军曹仁师、右金吾卫大将军张玄遇、左威卫大将军李多祚、司农少卿麻仁节等28位将领讨伐他们。七月十一日，朝廷任命春官尚书、梁王武三思为榆关道安抚大使，姚璹担任武三思的副职以抵御契丹；朝廷改李尽忠为李尽灭，孙万荣为

---

① 阿拉伯伊斯兰地区。

② 今辽宁朝阳。

③ 今内蒙古巴林右旗南。

孙万斩。

契丹的李尽忠不久自称无上可汗，占据营州，以孙万荣为前锋，夺取地盘，所向无敌，十天内拥兵至数万，进兵包围檀州①，被唐朝清边前军副总管张九节击退。

八月二十八日，唐将曹仁师、张玄遇、麻仁节率军与契丹军交战于硖石谷②，唐军大败。之后唐军到达黄獐谷③，契丹人又派遣老弱兵民假装前来投降，故意在道边丢弃老牛瘦马。曹仁师等人便留下步兵，领着骑兵前进。契丹人设下埋伏从侧面攻击，用飞索将张玄遇和麻仁杰绊倒，生擒了两人。唐军死尸布满山谷，很少有人逃脱。契丹人获得了唐军的印信，便伪造文书让张玄遇等人签名，通知唐军总管燕匪石、宗怀昌等人说："官军已破贼，如果你们再不到达营州，军官都将被斩首，兵卒不给勋级。"燕匪石等得到通知，便昼夜兼程，连吃饭睡觉都顾不上，一直往前赶，士卒马匹都疲劳得很；结果被契丹人在中途埋伏截击，全军覆没。

九月，武则天下令："天下囚犯，以及官民家奴有勇力的人，官府给钱将其赎出，发往前线进攻契丹。"朝廷命令峭山以东靠近边地各州设置武骑团兵，任命同州刺史、建安王武攸宜为右武威卫大将军，充任清边道行军大总管，以讨伐契丹。

右拾遗陈子昂上疏说："陛下下令赦免天下罪人及招募官民家奴当兵来讨伐契丹，这只是应急的办法，不是天子的军队。当今天下的忠臣义士，还没有用上万分之一，契丹小小的祸乱，发个命令就可以平定，用不着赦免罪犯和赎出家奴，这有损国家的体面！"

这时，吐蕃又派遣使者请求与唐和好，武则天派遣郭元振前去考察情况。吐蕃将领论钦陵请求唐撤去安西四镇④的守军，并请求分得十姓突厥的土地。

能否答应吐蕃的要求，朝廷拿不定主意，郭元振上疏说："论钦陵要求罢兵割地，这是利害的关键，确实不能轻易做出决定。现在如果直截了当地拒绝他们的要求，将招致更严重的边患。四镇的利益稍远，甘州、凉州的受害迫近，不可不深

---

① 今北京密云。

② 今河北迁安。

③ 今河北迁安东北西硖石谷内。

④ 唐朝前期在西北设置，由安西都护府统辖的四个军镇。

人考虑。应当用计策拖延时间,使他们和好的希望不至于破灭。”武则天听从了他的上疏。

此时,突厥阿史那默啜前来请求做武则天的儿子,并为他的女儿向唐朝求婚。同时,愿意率领他的部队为唐朝讨伐契丹。武则天听了很高兴,随即派遣豹韬卫大将军阎知微、左卫郎将代理司宾卿田归道带着册书任命阿史那默啜为左卫大将军、迁善可汗。

十月二十二日,契丹李尽忠去世,孙万荣替代他率领部队。突厥阿史那默啜乘机袭击契丹的松漠,俘虏了李尽忠和孙万荣的妻子儿女后退走。武则天晋升阿史那默啜为颉跌利施大单于、立功报国可汗。

再说孙万荣,他率领余部,攻陷了冀州,屠杀官吏和百姓数千人;又进攻瀛州,黄河以北地区危急。武则天命令彭泽令狄仁杰为魏州刺史。狄仁杰到任后,将百姓全部遣返务农,说:“敌人距离我们还远,不用如此担心!万一敌人来进攻,我亲自抵挡他们。”百姓们这才放心。

当时契丹侵扰边境,军事文书堆积如山,夏官郎中、硖石人姚元崇剖析决断,如水分流,都有条理,武则天认为他不寻常,提升为夏官侍郎。

万岁通天二年、神功元年(697年)正月初一,武则天在通天宫祭祀。突厥阿史那默啜侵扰灵州,挟持着俘获的唐将许钦明到灵州城下大喊,要求给好酱、良米和墨,意思是让城中选良将(酱)、领精兵(良米),夜袭(墨)敌人营垒。但是城中没有人能领会他喊话中隐含的意思。

当初,阿史那默啜曾经帮助武则天击败契丹的李尽忠、孙万荣。但阿史那默啜的目的未曾达到,于是在这年正月,又对灵州、胜州[①]地区发动进攻。

孝杰战死硖石谷

二月二十五日,突厥阿史那默啜侵扰胜州,唐平狄军副使安道买将他们打败。二十六日,朝廷任命原州司马娄师德代理凤阁侍郎、同平章事。

三月十二日,唐清边道总管王孝杰、苏宏晖等率军17万与契丹孙万荣战于东硖石谷,结果唐军大败,王孝杰战死。

---

① 今内蒙古托克托西南。

此时，武攸宜进军到达渔阳[①]，听说王孝杰等全军覆没，军中震惊，不敢前进。契丹人乘胜侵扰幽州，攻陷城池，劫掠官吏和百姓。武攸宜率领将士攻打，但是没有取胜。

朝廷派遣阎知微、田归道一同出使突厥，封阿史那默啜为可汗。阎知微在中途遇到突厥的使者，立即送给他红袍、银带，并且上奏说："突厥使者到达都城，应当大设帷帐迎接。"田归道上奏武则天说："突厥违反朝命不受节制多年，现在才悔过，应等待陛下的圣恩宽恕。现在阎知微却擅自给突厥使者红袍、银带，使得朝廷不便再赏赐突厥使者，应该让突厥使者仍穿原来的服装，以等待朝廷的赏赐。再说，小国的使臣，哪里值得大设帷帐迎接。"武则天同意田归道的意见。阎知微见到阿史那默啜，行跪拜之礼，还吻他的靴尖；田归道只是深深作揖而不跪拜。阿史那默啜因此将田归道囚禁起来，还准备杀他。田归道毫不畏惧，坚贞不屈，指责阿史那默啜不知足，并向他陈述祸福利害。旁人劝说："大国的使者，不可杀也。"阿史那默啜这才怒气稍减，但将田归道拘留，不放他回国。

阿史那默啜之派遣使者，再次索求丰州[②]、胜州[③]、灵州[④]、夏州[⑤]、朔州[⑥]、代州[⑦]这六州的降户和单于都护府所辖的地盘，以及谷种、丝帛、农具、铁等物资，武则天应允，并答应了他女儿的求婚。阿史那默啜日益强大起来。

这样，田归道才得以回国，他与阎知微在武则天面前展开辩论。阎知微认为和亲一定可靠。田归道认为阿史那默啜一定会背约，不可倚仗和亲，应当做好防备工作。

后来，阿史那默啜果然反叛，出兵攻陷了赵州、定州两州。武则天于是诛杀了阎知微及九族，同时提升田归道为夏官侍郎。

四月，朝廷铸造九鼎，移置于通天宫。豫州鼎高一丈八尺，其余各州的鼎各高一丈四尺，分别在鼎上铸山川物产的图案，共用铜 56.07 万余斤。九鼎自玄武

---

① 今北京密云西南。
② 今山西长治。
③ 今陕西榆林。
④ 今宁夏灵武。
⑤ 今陕西靖边。
⑥ 今山西朔州。
⑦ 今山西忻州。

门拽入，命令宰相、诸王率领南北衙禁卫军十余万人及仪仗队中的大牛、白象一同牵拽。

前益州长史王及善已退休，遇上契丹作乱，峭山以东不安定，因此王及善又被起用为滑州刺史。武则天召见他，询问朝廷得失，王及善陈述治乱要务十余条。武则天将他留在朝廷任内史。

十八日，朝廷任命右金吾卫大将军武懿宗为神兵道行军大总管，与右豹韬卫将军何迦密率军进攻契丹。五月初八，又任命娄师德为清边道副大总管，右武威卫将军沙吒忠义为前军总管，率军 20 万进攻契丹。

兵败斩杀孙万荣

六月。神兵道行军大总管武懿宗率军到达赵州[①]，听说契丹将领骆务整的数千骑兵即将到达冀州，武懿宗畏惧，想向南逃跑。有人说："契丹人没有辎重，依靠抢掠来补充给养，我们倘若屯兵拒守，契丹人势必瓦解，然后我们乘机进击，可获得成功。"武懿宗不同意，退守相州[②]，丢弃很多军用物资和武器。契丹人于是在赵州城进行大屠杀。

二十日，契丹孙万荣被家奴杀死。当初，孙万荣打败王孝杰以后，在柳城西北 400 里处凭借险要地势筑新城，留下老弱、妇女和所缴获的武器资财，派他的妹夫乙冤羽留守，自己领精兵侵扰幽州。孙万荣担心突厥阿史那默啜从背后袭击他，便派人到黑沙[③]，对阿史那默啜谎称他已打败了王孝杰的百万大军，唐朝人已被吓破了胆，想与阿史那默啜一起乘胜共同攻取幽州。不久，阿史那默啜识破了孙万荣的谎言。于是，阿史那默啜发兵进攻契丹所筑的新城(今内蒙古翁牛特旗附近)，三天后攻陷新城，全部俘虏城里的契丹人，让乙冤羽迅速报告孙万荣新城失守的消息。

当时孙万荣正与唐军对峙，军中听到新城失守的消息，都惊恐不安，奚人[④]背叛孙万荣，孙万荣的军队立即溃散，孙万荣率轻骑数千向东逃走。唐前军总管

① 今河北石家庄赵县。

② 今河南安阳。

③ 黑沙城，今内蒙古呼和浩特东北。

④ 库莫奚族人。

张九节派兵在中途截击，孙万荣走投无路，与家奴逃至潞水东边，在树林里休息。孙万荣叹息说："现在想归降唐朝，罪恶已大。归降突厥是死，归降新罗[①]也是死。还有什么去处呢！"随即，家奴砍下孙万荣的脑袋向唐投降，孙万荣的脑袋被挂在四方馆[②]门前示众。

二十七日，武则天下令，因此契丹刚刚平定，命令河内王武懿宗、娄师德和魏州刺史狄仁杰分别到黄河以北各地安顿抚恤百姓。七月初三，武承嗣、武三思一起被罢除相职。

如此贪鄙朱前疑

以前，有个叫朱前疑的人上书说："我梦见陛下寿满 800 岁。"武则天当即授给他拾遗[③]的职务；不久，他又自称"梦见陛下头发白了又变黑，牙齿脱落又再生"，于是升任驾部郎中。朱前疑出使回来以后，上书说："听到嵩山呼万岁。"武则天又赐给他红算袋，当时他还不是五品官，只能在六品官的绿色衣服上佩带。遇上朝廷发兵讨伐契丹，朝廷命令京官献马一匹供军用，又赐给他五品官，朱前疑买马进献后，一再上表要求再提升官阶；武则天讨厌他太贪婪卑鄙，六月初一，命令发还朱前疑的马匹，将他逐回了农村。

这个朱前疑，浅薄迟钝而又无知，相貌也很丑陋（粗黑肥短，身体垢腻，眼睛像掌勺大厨一样），靠着溜须拍马，从八品官连升至五品官，还嫌不足，被逐回后忧愤而死。

朱前疑拍马屁真有一手，也亏他想得出这些空口说瞎话的花招来。他的"托梦邀宠"被称之为历史上最具想象力的大忽悠之一。

公平执法徐有功

早在天授元年间，道州[④]刺史李行褒兄弟被酷吏诬陷谋反，罪当灭族，秋官

---

① 朝鲜半岛国家之一。

② 接待东西南北四方少数民族及外国使臣。

③ 谏官，八品。

④ 今湖南道县。

郎中徐有功坚持认为应该平反。秋官侍郎周兴控告徐有功故意为谋反者开脱罪责,应当斩首,武则天虽然没有批准,但免去了徐有功的官职;武则天仍然很器重徐有功,以后又起用他为侍御史。徐有功跪伏在地上流着泪坚决推辞说:"我不敢不遵守陛下的法律,必定要死在这法官任上了。"

后来,薛季昶上奏说徐有功徇私偏袒恶逆罪犯,请求法办。执法部门判处徐有功绞刑。武则天召见徐有功,责问他:"你近来办案,重罪不办或轻办的失误为何这么多?"徐有功回答说:"重罪不办或轻办,是臣下的小过失;希望让人活着,是圣人的大恩德。"武则天听了沉默不语。

不久,武则天由于信任徐有功执法公平,重新提拔他为左台殿中侍御史,听说此事的人无不互相庆贺。鹿城主簿、宗城人潘好礼撰写文章,称赞徐有功遵循正道、依从仁义,坚守真诚的气节,不因贵贱死生改变自己的操行。

张鷟评价徐有功是个正直的有功之臣,明智而有胆略,刚强而能决断。即使是处在挫折和不顺利的时候,也不投机取巧,曲意奉承上司以求得功名,虽然处在政局变动和社会动乱时期,也不会丧失立场以求得保全自己。来俊臣罗织徐有功的罪名,因为徐有功有功,来俊臣才没有得逞,袁智弘陷害忠良,因为徐有功功高而没有被牵连。徐有功敢踩老虎的尾巴,敢碰龙的鳞片,如同凤凰傲立在乌鸦群中,徐有功因为正大光明而免受其害。

兄弟入侍皆受宠

已故尚书左仆射张行成的同族侄孙尚乘奉御张易之,年轻、貌美,精通音律。起先,太平公主推荐张易之的弟弟张昌宗入侍宫中。不久,张昌宗又推荐张易之,兄弟两人都得到武则天的宠幸,常涂脂抹粉,穿华丽的衣服。清代学者赵翼在《陔余丛考》中称之为"傅粉施朱,俱承辟阳之宠。"张昌宗连续升官后任散骑常侍,张易之任司卫少卿;授给他们的母亲臧氏、韦氏太夫人的封号,赏赐多得数不清,又命令凤阁侍郎李迥秀为臧氏的姘夫。武承嗣、武三思、武懿宗、宗楚客、宗晋卿等人,时常等候在张易之家门口,争着为他执马鞭牵马,称张易之为五郎,张昌宗为六郎。

在张昌宗、张易之入侍之前,武则天大约有过两位男宠。先是冯小宝,也称薛师,凭借他卖"大力丸"的功夫,自垂拱元年(685 年)到延载二年(695 年),侍奉武则天大约十年。后来因为傲慢无礼，被武则天派人处死。之后，武则天又宠幸上了御医沈南璆。其实，武则天与薛师尚未了断时，就已经开展了地下活动，只是瞒着薛师而已。沈南璆虽年届中旬，仍难以满足年届七旬的武则天，不得已只老还乡。沈南璆一走，武则天心神难定，脾气暴躁，喜怒无常，幸亏太平公主不失时机地推荐张昌宗入侍宫中，张昌宗又推荐张易之，兄弟俩一同受到武则天的宠幸。

要说武则天嗜欲，绝不亚于她嗜权，其手段也更为高超、老道，甚至游刃有余。

毫无疑问，武则天是个了不起的女性、女皇帝，她可以任意地凌驾于任何男人之上，拥有至高无上的权力。她甚至可以与男皇帝一样，拥有三宫六院七十二妃。只要她愿意，一切都能实现，因为武则天本身就代表国家、代表权力、代表一切。这年，武则天 74 岁。

第一酷吏来俊臣

司仆少卿来俊臣一贯仗势贪求女色，官民妻妾有漂亮的，他就千方百计地去占有她。有时指使人罗织罪名告发某人，然后假传武则天的圣旨占有他的妻妾，前后罗织罪名杀人无数。他登记自宰相以下官员的姓名，按顺序占有他们的妻妾。来俊臣还自称才能可比石勒[①]。监察御史李昭德一贯憎恨来俊臣，也曾经在朝廷侮辱过秋官侍郎皇甫文备。于是皇甫文备与来俊巨就共同诬告李昭德谋反，武则天将李昭德逮捕入狱。

后来来俊臣又想罗织罪名诬告武氏诸王及太平公主，甚至诬告皇嗣李旦及庐陵王李显与南北衙禁卫军一同谋反，希望借此窃取国家权力。这时，河东人卫遂忠告发来俊臣。武氏诸王及太平公主十分恐惧，共同揭发来俊臣的罪恶，武则天将来俊臣关进监狱，有关部门判处他死刑。武则天想赦免来俊臣，处死来俊臣的奏章送上已经三天，仍未得到批准。王及善说："来俊臣凶残狡猾，贪婪暴虐，是国家的大恶人，不除掉他，必然动摇朝廷。"

这天，武则天游览宫廷园林时，吉顼牵着马，武则天询问他宫外的事情，吉顼

① 十六国时期后赵的建立者。

回答说:“宫廷之外的人只奇怪处死来俊臣的奏章还没有批下来。”武则天说:“来俊臣有功于国家,朕正在考虑这件事。”吉项说:“来俊臣网罗为非作歹的人,诬陷好人,贪赃受贿的财物堆积如山,被他冤屈而死的鬼魂满路游荡,他是危害国家的恶人,有什么可怜惜的!”武则天于是批准处死来俊臣。

武则天亲自颁下《暴来俊臣罪状制》的制书,列举了来俊臣犯下的种种罪状,“弃市之刑,严酷未极”,“宜加赤族之诛,以雪苍生之愤。”之后李昭德、来俊臣两人一同在闹市被处死并暴尸,当时人们无不痛惜李昭德,而为处死来俊臣拍手称快。来俊臣的仇家争相吃他的肉,很快就吃光了,挖眼睛,剥面皮,剖腹取心,辗转践踏成泥。无论官吏还是百姓在路上相见都相互庆贺。

在《旧唐书》中记载了23位酷吏,来俊臣名列榜首。

女皇醒悟平冤案

九月十七日,武则天合祭于通天宫,大赦天下罪人,改年号神功。二十一日,武则天对身边的大臣说:“近期以来周兴、来俊臣审理案件,都牵连到朝廷大臣,说他们谋反;国家有固定的法律,朕怎么能够违反!有时怀疑谋反案件不真实,指派亲信大臣到监狱提审犯人,都是他们自己承认的,朕便不加怀疑。自从周兴、来俊臣死后,不再听说有谋反的人,这样看来,以前被处死的人一定有冤枉的?”夏官侍郎姚元崇回答说:“自垂拱年以来因谋反罪被处死的人,大概都是由于周兴等人私下罗织罪名,为自己求取功名造成的。陛下派亲近大臣去查问,那些亲近大臣也为了保全自己,哪里还敢动摇他们的结论!被问的人如果翻供,又惧怕惨遭毒刑,与其那样不如早死。仰赖上天启迪圣心,周兴等人被诛灭了,臣以一家百余口人的性命向陛下担保,今后朝廷内外大臣不会再有谋反的;倘若还有谋反的事实,臣愿承受知而不告的罪责。”武则天高兴地说:“以前的宰相都顺着周兴他们,使他们得逞,贻误朕成为滥用刑罚的君主;听到你说的话,很合朕的心意。”于是赏赐姚元崇钱1000缗。

当时有很多人为魏元忠诉冤,武则天又召回魏元忠担任肃政中丞。魏元忠前后共有四次被判处死刑和流放。有一次魏元忠陪同武则天宴饮,武则天问他:“你从前多次蒙受诽谤,为什么?”魏元忠回答说:“我好比一只鹿,罗织罪名的人想用我的肉作羹,我怎么能躲得过去!”

闰十月二十一日，武则天任命幽州都督狄仁杰为鸾台侍郎，司刑卿杜景俭为凤阁侍郎，一并任同平章事。

这时，武则天又改年历，“以本月为闰月，下月为正月。”

第十一章

封皇嗣子侄难确定　畏突厥重新立庐陵

圣历元年(698年)正月，冬至，武则天在通天宫祭祀，大赦天下，改年号圣历。二月，武承嗣、武三思谋求当太子，多次指派人劝武则天："自古以来的天子没有以外姓为继承人的。"武则天拿不定主意，狄仁杰经常从容不迫地对武则天说："太宗不避风雨，亲自冒刀枪箭镞，平定天下，传位给子孙。高宗将两个儿子托付给陛下。陛下现在却想将国家移交给外姓，这能符合天意吗？而且姑侄与母子相比谁更亲？陛下立儿子为太子，从千秋万岁之后，配祭太庙，代代相承，没有穷尽；立侄儿为太子，未曾听说过侄儿当了天子而合祭姑姑于太庙的。"武则天说："这是朕的家事，你不要参与。"狄仁杰说："君王以四海为家，四海之内，谁不是臣，何事不是陛下的家事！君主是元首，臣下为四肢，本来就是一个整体，何况臣为宰相，哪能不参与呢！"狄仁杰又劝武则天召回庐陵王李显。王方庆、王及善也劝说武则天。武则天开始有所醒悟。有一天，武则天又对狄仁杰说："我梦见大鹦鹉两翼都折断了，这是什么意思？"狄仁杰回答说："武是陛下的姓，两翼是两个儿子。陛下起用两个儿子，则两翼便振作起来了。"武则天因此打消了立武承嗣、武三思为太子的想法。

突厥借口犯大唐

吉顼与张易之、张昌宗都任控鹤监供奉，张易之兄弟想巴结吉顼。吉顼不慌不忙地劝告兄弟两人说:“您兄弟二人如此得宠,并不是凭借品德功业取得的,天下对你们怒目而视、咬牙切齿的人很多。没有大功于天下,用什么保全自己呢?我为你们担忧!”兄弟两人畏惧,流着泪询问计策。吉顼说:“天下官民还不曾忘记大唐的恩德,都还思念着庐陵王。皇上年事已高,大业需有所付托;武氏诸王不是皇上考虑的对象,您何不奉劝皇上立庐陵王以维系百姓的期望!这样,不但可以免祸灾,也可以长期保持富贵了。”兄弟两人认为吉顼说得对,趁机一再劝说武则天。武则天知道这个主意出自吉顼,就召他询问,吉顼又为武则天备陈利害,武则天才下定决心立庐陵王。

三月初九,朝廷假称庐陵王李显有病,派遣职方员外郎徐彦伯召庐陵王和他的妃子、儿子们到武则天驻地治病。二十八日,庐陵王李显到达洛阳。

这时庐陵王李显已经 43 岁,自嗣圣元年(684 年)被废黜以来,他先后被软禁在均州、房州 14 年。这年,武则天 75 岁。

六月初六,武则天命令武承嗣子淮阳王武延秀前往突厥,娶阿史那默啜的女儿为王妃;命阎知微代理春官尚书,杨齐庄代理司宾卿,携大量金帛送给突厥。

风阁舍人、襄阳人张柬之讲谏说:“自古以来从未有过中国亲王娶夷狄女人为妻的。”张柬之的谏言违反了武则天的旨意,被外放任合州(今重庆合川东)刺史。

八月初一,武延秀到达黑沙南庭①。阿史那默啜对阎知微等说:“我将女儿嫁给李氏,哪里要武氏的儿子呢!这难是天子的儿子吗!我们突厥累世受李氏的恩典,听说李氏有两个儿子还在,我现在要带兵去辅助他登上帝位。”于是拘禁了武延秀,任命阎知微为南面可汗,让他带路入侵中原。发兵袭击唐静难军、平狄军、清夷军等军,静难军使慕容玄率兵 5000 人投降。突厥兵势大振,进而侵扰妫州②、檀州③等州。这以前随阎知微入突厥的人,阿史那默啜赐给他们五品、三品的官服,武则天全都予以没收。

阿史那默啜发文书指责唐朝说:“给我蒸过的谷种,播种后不生长;送来的金银器皿质地都极差,都是假货;我赐给使者红色、紫色官服都被没收了;送来的缯

---

① 突厥王庭,今内蒙古呼和浩特附近。

② 今河北涿鹿西南的保岱。

③ 今北京密云东北。

帛都稀疏粗劣；我可汗的女儿要嫁天子的儿子，武氏是小姓，门户不相当，竟来假冒骗婚。我为此而起兵，想取得黄河以北的土地。”

监察御史裴怀古随从阎知微入突厥，阿史那默啜想让裴怀古当官，裴怀古不接受。于是被囚禁，要处死时裴怀古逃跑归来，中途逃到晋阳，容貌瘦弱憔悴，唐军的精锐骑兵以为他是间谍，打算砍下他的脑袋以求取功劳。有一名果毅曾经被别人诬陷，裴怀古为他查清平反，这时大喊：“这是裴御史！”使他得以保全性命。裴怀古回到都城，武则天接见了他，升任祠部员外郎。

当时，各州听说突厥入侵，正当秋收时节，争相征调农民修缮城池。卫州刺史、太平人敬晖对僚属说：“我听说再坚固的城池，如果没有粮食也守不住，怎么能放弃收割而专门修缮城池呢？”下令全部停工，放农民回田间收割粮食，武承嗣因为没有被立为皇太子，怏怏不乐，于十一日病死，终年 50 岁。

十三日，朝廷任命春官尚书武三思为检校内史，狄仁杰兼纳言。武则天命令宰相各举荐尚书郎一人。狄仁杰外举不避仇，内举不避亲，大胆地推荐自己的儿子、司府丞狄光嗣。狄光嗣后被任命为地官员外郎，后来他很胜任这个职务。武则天知道后高兴地对狄仁杰说：“你足以秉承荐举自己儿子的古人祁奚了。”

武后派兵伐突厥

朝廷任命武则天的侄子、司属卿武重规为天兵中道大总管，右武卫将军沙吒忠义为天兵西道总管，幽州都督张仁愿为天兵东道总管，领兵 30 万以讨伐突厥阿史那默啜；又任命左羽林卫大将军阎敬容为天兵西道后军总管，领兵 15 万作为后援部队。

二十六日，阿史那默啜侵扰飞狐县①，二十八日，攻陷定州，屠杀州刺史孙彦高以及官民数千人。

九月初七，朝廷任命武则天的侄子、夏官尚书②武攸宁为同凤阁鸾台三品。朝廷改称阿史那默啜为斩啜。阿史那默啜指派阎知微招抚告谕赵州官民，阎知微与突厥人在赵州城下手拉手、脚踏地唱《万岁乐》曲。将军陈令英在城上说道：

① 今河北涞源县。

② 即兵部尚书。

“尚书职位不低，却为突厥人踏地歌唱，难道不感到惭愧吗！”阎知微低声吟唱道：“不得已，《万岁乐》。”

十一日，阿史那默啜围攻赵州。长史唐般若出城接应敌人。刺史高睿和妻子秦氏服药装死，突厥人将他们抬到阿史那默啜面前，阿史那默啜拿出金狮子带、紫袍，说：“投降则授官，不投降则处死！”高睿看着妻子秦氏，秦氏说：“报答国家的恩典，就在今天！”于是两人一同被杀。朝廷追赠高睿为冬官尚书，定谥号为“节”。

皇嗣李旦坚持请求让位于庐陵王，武则天同意。十五日，立庐陵王为皇太子，恢复原来的名字李显，大赦天下。

武则天因迫于阿史那默啜的文书指责和威胁起兵的巨大压力，加上李旦坚持让位的请求，不得不复立李显为皇太子。

十七日，朝廷任命太子李显为河北道元帅以讨伐突厥。此前，朝廷招募兵马，招了一个多月还未招满千人，后来听说太子李显任元帅，应募的人很多，不久就招到了 50 000 人。

二十一日，朝廷任命狄仁杰为河北道行军副元帅，右丞宋元爽为长史，右台中丞崔献为司马，左台中丞吉顼为监军使。当时太子李显没有出征，朝廷命令狄仁杰主持元帅的事务，武则天亲自为狄仁杰送行。

蓝田县令薛讷，是左骁骑将军薛仁贵的儿子，武则天提升他为左威卫将军、安东道经略。准备出发时，薛讷向武则天进言说：“虽然已经立太子，但外面的议论，还是疑虑很多；如果立太子的命令不改变，突厥完全可以平定。”武则天很赞同。王及善请求让太子李显和群臣一起在朝廷之外朝见武则天，以安定人心，武则天表示同意。

二十六日，阿史那默啜将在赵州、定州①等地抢掠的 10 000 余人全部杀死，然后从五回道②退走，突厥所经过的地方杀人掠物无数。唐将沙吒忠义等只是领兵跟随，不敢逼近。狄仁杰率领十万大军奋力追击阿史那默啜，但是没有追上。阿史那默啜逃回漠北③，拥兵 40 万，占据土地 10 000 里，西北各部族都归附

① 今河北定州。
② 今河北五回山。
③ 今蒙古大沙漠。

于他，因此他很轻视中国。

十月，武则天命令：都城的驻军，都由河内王武懿宗、九江王武攸归率领。十七日，朝廷任命狄仁杰为河北道（黄河之北行政区）安抚大使。狄仁杰上疏说："朝廷不要去惩罚曾被契丹、突厥胁迫而暂时服从的人。"又说："我以为边地发生战事，不值得忧虑，内地不安定，这才是大事。诚恳地希望特别赦免黄河以北各州的百姓，一律不予追究。"武则天命令照此办理。于是狄仁杰安抚慰问百姓，将被突厥驱赶掠夺的人，全都送回原籍；发放粮食救济贫困的人，黄河以北的百姓才安定下来。

不久，突厥阿史那默啜撤离赵州，同时释放了阎知微，让他返回洛阳。武则天下令分裂阎知微的肢体于洛阳天津桥南，让百官一起向他射箭，然后再剐光他的肉，挫断他的骨头，同时灭三族。

褒国公、左屯卫大将军段瓒，原先曾被突厥俘虏。突厥占领赵州时，段瓒约好代理司宾卿杨齐庄一起逃跑，杨齐庄胆怯懦弱，不敢逃跑。段瓒独自逃了回来，武则天赏赐了他。杨齐庄不久也逃了回来，武则天命令河内王武懿宗审讯他；武懿宗认为杨齐庄心怀犹豫，于是将他与阎知微一同处死。

第十二章

斥吉顼武后说驯马 谏陛下狄公很圆滑

圣历二年(699 年)正月，武则天在通天宫行“告朔”[①]之礼。初六，武则天封李旦为相王，领太子右卫率。初八，设置控鹤监丞、主簿等官，他们大多是受武则天宠爱的人，同时也用一些有才能的人和文学之士以相互配合。任用司卫卿张易之为控鹤监，银青光禄大夫张昌宗，左台中丞吉顼，殿中监田归道，夏官侍郎李迥秀，凤阁舍人薛稷，正谏大夫员半千均任控鹤监内供奉。所谓控鹤，古人认为，仙人骑鹤上天，因此常用控鹤为皇帝的近幸或亲兵的名称。员半千认为古代没有这样的官职，而且现在所聚集的又多是一些轻浮放荡的人士，因此上疏请求废除，这下冒犯了武则天的旨意，被降职为水部郎中。

武则天招募的男宠大都是有才有貌的如：吉顼，身长七尺，高大魁梧，进士及第；田归道，20 岁举明经；李迥秀，眉清目秀，相貌堂堂，颇有文才；薛稷，当朝进士，画家，书法家；员半千为武举第一人（武状元）。可见，武则天所宠幸的男人，不仅要身体素质好，还要有才能。

武氏亲属尽奢华

张易之为其母阿臧建造了一座七宝帐，金、银、珠、玉等各种珍宝汇集。从古

① 皇帝每年季冬把第二年的历书颁发给诸侯。

到今,都未曾有过这样奢华的帐幔。帐幔里面放着用象牙制作的床,床上铺的是犀角簟(diàn)[①],鼲(hún)[②]貂皮做的褥子,蛩蟁(qióng wén)[③]毛和蚊毫[④]所制作的毡褥[⑤],汾晋的龙须和临河的凤翮[⑥]编织的床席。

宗楚客新建造的一座宅院,用文柏木为屋梁,墙壁是用沉香和红粉抹的,门一打开香气四溢。台阶和屋里的地面,都用磨文石所砌,穿着用同州产吉莫皮制的靴子,走在这样光滑的地面上,抬脚会滑倒。

武则天的孙女、李显幼女安乐公主,制造百宝香炉一只。香炉高三尺,开有四个门。紫红色的横梁,栏杆,上面饰有花、草、飞禽、走兽,诸位天女乐妓、麒麟鸾凤、白鹤飞仙。都是用金线、银线,隐起镂刻而成。制造这座百宝香炉仅手工就耗费了30 000钱。她还用百鸟毛编织了一条裙子。之后,官宦人家和普通百姓都争相效仿这一做法。于是,人们搜寻山林,扫荡山谷,见到奇禽异兽就捕捉,几乎都捕尽了。至于张布罗网,更是捕捉到了无数鸟兽。

武则天时期,张易之任控鹤监,其弟张昌宗任秘书监,张昌仪任洛阳县令,他们三兄弟都是“顶级美食家”。他们相互攀比奢华。张易之做了一个大铁笼子,将鹅鸭放在里边,在笼子里点燃炭火,又在一个铜盆内倒入五味汁,鹅鸭绕着炭火行走,烤得渴了就去喝五味汁,火烧得痛了自然会在里面转圈地跑,不多久表里都烤熟了,羽毛也脱落尽净,肉被烤得赤烘烘的而死。

张昌宗曾把一条活狗拴在一个小屋子里,烘起炭火,再放一盆五味汁,方法与“活烤鹅鸭”一样。张昌仪在地上钉上四个铁橛子,把狗的四只爪子绑在橛子上,然后放出鹰鹞[⑦],把狗按在下面吃它的活肉,肉都吃尽了狗还没死,狗的号叫声极为酸楚,惨不可言。还有一次张易之想吃马的肠子,张昌仪便牵来手下人的马,破开马的肋骨取出肠子,过了很久马才死去。

张易之、张昌宗除了与同流以豪华奢侈相攀比外,还大肆收受贿赂。他们的弟弟张昌仪任洛阳县令,私下送贿赂求他办事没有不答应的。一次有一名姓薛

① 竹席。
② 灰鼠。
③ 蟋蟀、蚊子。
④ 传说中一种极纤细的毛。
⑤ 珍贵的毛毯。
⑥ 凤凰的羽翅。
⑦ 猛禽。

的候选官员，拿着50两金子和要求任职的文书贿赂他。张昌仪收下金子，到朝廷后把文书交给天官侍郎张锡。几天后，张锡遗失了文书，便问张昌仪，张昌仪骂道："糊涂人！我也记不清了，把姓薛的都授官吧。"张易之是武则天的宠男，但却是动物的天敌，他受宠和恶毒一样，令人嗤之以鼻。后来张易之、张昌宗等被诛杀，老百姓把他们的肉切成小块，那肉又肥又白就像猪的脂肪，被人们煎烤而吃掉。张昌仪是先被打折了两个脚腕，再摘出他的心肝，之后才死去，然后砍下他的头颅送往京都。当时人们说这是他们残害狗和马的报应。张锡畏惧他，退朝后，找出姓薛的候选官员60多人全部留下授予官职。武则天执政期间，政治腐败已经到了这种地步。

立誓签盟赞师德

腊月二十五日，武则天赐太子李显姓武氏，大赦天下。武则天长出重叠的眉毛，呈八字形，百官都前来祝贺。据《事物纪原》记载，汉武帝曾令官人画八字眉，后来历代相沿习，尤盛行于中、晚唐时期，其双眉形似"八"字而得名。这年，武则天已经76岁。二月初四，武则天前往嵩山，途经缑氏县[①]时，参拜升仙太子[②]庙。回到洛阳后她撰写了升仙太子碑文，令镌于贞石。神龙二年(706年)八月二十七日，相王李旦奉制刊碑刻石，碑额"升仙太子之碑"。此是后话。

初七，武则天患病，派遣给事中、栾城人阎朝隐向少室山神求福。阎朝隐自己作祭品，沐浴后伏在盛祭品的礼器上，请求代替武则天承受病痛。武则天病稍好，便给他丰厚的赏赐。十二日，武则天从缑氏返回宇城。

武则天年纪大了，担心自己死后太子李显与武氏诸王不能相容。四月十八日，命令太子李显、相王李旦、太平公主和武攸暨等拟定互不伤害的誓词，在明堂向天地立誓，并将誓词铭刻在铁契上，收藏于史馆之中。

纳言、陇右诸军大使娄师德去世，终年70岁。娄师德在河陇前后40多年，谦恭勤奋，毫不懈怠，百姓和夷族都安定。娄师德秉性朴实稳重，宽宏大量，狄仁杰不知自己入朝任宰相，实际上是娄师德的推荐，还很轻视娄师德，经常排挤他。

---

① 今河南偃师。

② 周灵王太子晋，姓姬，名晋，字子乔。

武则天知道后，曾问狄仁杰："娄师德有道德才能吗?"狄仁杰回答说："作为将领能谨慎守卫边疆，是否有道德才能我不知道。"武则天又问："娄师德善于识别人才吗?"狄仁杰回答说："我曾与他同事过，没听说他善于识别人才。"武则天说："朕所以任用你，就是由于娄师德的推荐，他称得上是善于识别人才的了。"

狄仁杰退出后，感叹道："娄公有盛德，我受到他的包涵宽容如此之久，我看不到他盛德的边际。"当时罗织罪名的风气很盛，娄师德长期担任将领和宰相，竟能以功成名就而告终，人们因此敬重他。

良臣谏言平冤案

十月初六，太子李显和相王李旦的几个儿子结束了被幽禁的生活，出宫为王。武则天自称帝以来，都用武氏诸王及驸马都尉为成均祭酒、博士、助教等，他们都不是通儒学的人。又因为在南郊圜丘祭天、在明堂祭祀、拜洛河神、封嵩山，都用弘文馆和国子学学生作斋郎[①]，他们因此得以选任为官员。所以学生不再研习学业，20 年间，学校几乎荒废。而不久前被酷吏所诬陷的人，他们的亲友离散，还未获得宽赦。凤阁舍人韦嗣立上疏说："现在社会风气日益轻视儒学，古代帝王的圣道都被废弃不再讲究。应当命令王公以下的子弟都入国学，不让他们通过其他途径获取官职。"又说，"自从徐敬业起兵扬州、越王李贞起兵豫州以来，奉制令特设的监狱中的案件日渐繁多，酷吏钻空子，专想以杀人谋求升官。幸亏陛下圣明，周兴、丘神勣、王弘义、来俊臣相继被处死，朝廷和民间都庆祝平安，好比再次看到春天的阳光。至于像狄仁杰、魏元忠等人，以往遭到审讯，也都是无罪而自认有罪，如果不是陛下看得清楚，则早已经成为肉酱了；现在陛下提升任用他们，都成为很好的助手。我恐怕从前蒙冤获罪的人很多，情况也都和他们差不多。诚恳希望陛下弘扬天地间的仁义，广施恩泽。自垂拱年间以来，获罪的人不管轻重，一律昭雪。"但是，武则天并没有接受他的意见。

---

① 太常寺官员。

强说驯马镇群臣

久视元年(700年)正月,即十一月二十八日,武则天之侄、宰相武三思被罢免为特进、太子少保。

武则天因吉顼有才干,有谋略,所以把他当作亲信。吉顼与武则天之侄武懿宗在武则天面前争论在赵州与突厥作战的功劳。吉顼体格魁梧能言善辩,武懿宗矮小驼背,吉顼怒视武懿宗,声色俱厉。武则天因此不高兴地说:“吉顼在朕面前,还敢轻视我们姓武的,以后难道还可以依靠吗?”后来,吉顼向武则天面奏有关事宜,正在引证古今事例,武则天打断他的话发怒说:“你所说的,朕听够了,不要多说了! 太宗有马名叫狮子骢,肥壮任性,没有人能驯服它。朕当时作为宫女侍奉太宗,对太宗说,‘我能制服它,但需要有三件东西,一是铁鞭,二是铁棍,三是匕首。先用铁鞭抽打它,不服,则用铁棍敲击它的脑袋,还不服,就用匕首割断它的喉咙。’太宗夸奖朕的志气。今天难道你值得玷污朕的匕首吗!”吉顼吓得浑身流汗,跪伏在地上请求饶恕,武则天这才没有杀了他。当时,武姓的亲贵们都怨恨吉顼依附太子李显,于是共同揭发吉顼弟弟吉琚假冒官吏的事情,吉顼因此被降职为安固县尉。

吉顼辞行赴安固的那天,得到武则天召见,流着泪对武则天说:“我即将远离朝廷,恐怕永远没有再见到陛下的机会,请准许卑职进一言。”武则天让他坐下,问他想说什么。吉顼说:“水和土合成泥,有争斗吗?”武则天说:“没有。”吉顼又说:“分一半给佛家,一半给道教,有争斗吗?” 武则天说:“这就有争斗了。”吉顼叩头说:“皇族、外戚各守本分,则天下安定。现在已经立太子而外戚还在当王,这是陛下驱使他们以后必然相互争斗,双方都不得安生。”武则天说:“朕也知道,但事情已经如此,朕也无可奈何。”

吉顼,以残忍著称,是著名的酷吏。但是,在听完武则天驯马的故事以后,竟然吓得半死。可见酷吏也有怕死的时候。

在武则天看来,权力和男人都像狮子骢一样,只要拥有铁鞭、铁棍、匕首就可以驯服并凌驾其上,只是在具体形式上要有所区别。对付男人除了铁鞭、铁棍、匕首以外,还需要娇情和妩媚,甚至床笫间的欢爱,也就是软硬兼施,这样才能所向披靡。这就是武则天入宫60多年来的经验写照,也是她成功的秘诀。这年,武则天77岁。

腊月初一，朝廷立原皇太孙李重润为邵王，立他弟弟李重茂为北海王。武则天向鸾台侍郎、同平章事陆元方询问朝廷外面的事情，陆元方回答说："臣凑数充任宰相，有大事不敢不向陛下报告；民间细小的事情，不值得扰乱陛下的听闻。"陆元方的回答违背了武则天的旨意，因此被罢免为司礼卿。

四月二十九日，武则天前往上阳宫[①]避暑，有胡僧邀请武则天参观埋葬佛舍利[②]，武则天答应了。出发时狄仁杰跪在武则天的马前说："佛是夷狄的神，不值得让天下的君主屈尊驾临。那胡僧诡计多端，是想邀请到万乘之尊借以迷惑远近的百姓。同时沿途山路艰险狭窄，容纳不下侍卫的人，也不是万乘之尊所应当驾临的地方。"于是武则天中途返回，夸奖狄仁杰说："这是为了成全我们正直之臣的正气。"

大肆公开选男宠

五月初一，出现日食。武则天指派洪州[③]和尚胡超[④]配制长生不老药，三年而成，耗费资财数以亿计。武则天服用后，病稍好转。初五，大赦天下，更改年号为久视[⑤]，取消天册金轮大圣的称号。

六月，武则天改控鹤监为奉宸府，任命张易之为奉宸令。武则天每次在内宫开设私宴，就召来武姓亲贵、张易之和张昌宗一起饮酒、赌博、调笑。武则天为了掩盖这种劣迹，便命令张易之、张昌宗和文学侍从李峤在内宫编撰《三教珠英》[⑥]。武三思上奏说，张昌宗是古代周灵王太子晋转世。武则天便命令张昌宗穿羽毛做的衣服，吹笙，在内宫庭院乘坐木鹤。文学侍从们都作诗赞美他。

武则天下令选美少年为左右奉宸供奉，右补阙朱敬则劝谏说："臣闻志不可以满，乐不可以极。嗜欲之情，愚者智者皆同，贤者能节之不使贪欲过度，这就是

---

① 今河南登封石淙河畔。
② 灵骨。
③ 今江西南昌。
④ 自称已经活了好几百岁了。
⑤ 取长生不老之意。
⑥ 一部大型诗歌选集类书。

前圣的格言。近闻尚舍奉御柳模自称其子柳良宾皮肤洁白面容秀美，左监门卫长史侯祥自称阳道壮伟，超过薛怀义，一心想自荐担任奉宸内供奉。无礼无仪之言，充斥朝廷视听。臣职为谏诤，不敢不上奏。”对朱敬则的谏言，武则天说：“若不是你直言相告，朕还不知道这件事。”于是赏赐朱敬则彩绸 100 段。

据众多史书记载，青春美貌、伟岸健硕、学识才情，是武则天挑选男宠的三个重要条件。当时武则天挑选男宠时，考功员外郎宋之问也跃跃欲试，武则天没答应。于是宋之问就写了一首《明河篇》来表达自己的心意。“明河可望不可亲，愿得乘槎一问津。更将织女支机石，还访城都卖卜人。”武则天看了那首诗后，对崔融说：“我不是不知道宋之问有才情，只是因为他有口上的过失。”武则天是说宋之问患有牙病，嘴里经常发出臭味的缘故。武则天拒绝了宋之问，除了他有“口臭”的毛病以外，他的诗也过于露骨。毕竟武则天是皇帝，岂容他人揶揄。

其实，再怎样优秀的俊男、伟男、才男，对于武则天来说，都不过是过眼烟云，仅仅是不屑一顾的玩物、信手拈来的男婢而已，更换男人就像换衬衫一样随便。

以夷治夷平契丹

契丹的将领李楷固，善于使用套绳和骑射、舞槊，每次进入战阵，就好像鹫鸟①进入乌鸦群中，所向无敌。黄獐谷②之战，唐朝将领张玄遇、麻仁节都被李楷固用套绳套住。还有个叫骆务整的，也是契丹将领，多次打败唐军。孙万荣死后，这两人都投降唐朝。有关部门指责他们没有及早投降，上奏请求将他们灭族。狄仁杰说：“李楷固等都勇猛无比，既然能为他的主上尽力，也一定能为我们尽力，如果用恩德安抚他们，就都能为我们所用。”于是上奏请求赦免李楷固和骆务整。武则天采纳狄仁杰的意见，赦免了李楷固和骆务整。狄仁杰又请求授给他们官职，武则天任命李楷固为左玉钤卫将军，骆务整为右武威卫将军，派他们领兵进击契丹的余党，将契丹全部平定。

七月，李楷固献契丹俘虏于含枢殿。武则天封李楷固为燕国公，赐姓武氏。武则天设宴款待诸位公卿，宴席间举杯对狄仁杰说：“这都是您的功劳啊！”准备

① 食肉的大鸟，头秃无毛，喜食动物尸体。

② 今河北迁安东北西硖石谷。

赏赐他，狄仁杰回答说："此次平定契丹余党乃是由于陛下的声威以及将帅竭忠尽力所致，臣有什么功劳呢？"坚决推辞，不接受赏赐。

由于武则天珍惜李楷固和骆务整的将才，没有杀他们，成就了他们帮助唐朝平定契丹的功绩，武则天还赐皇姓给他们。这是武则天用人成功的一个例子。

直言谏阻建大佛

八月。武则天一心想要建造一尊大佛像，让全国的和尚、尼姑每人每天捐出一文钱来，以促成其事。狄仁杰上疏谏阻，奏疏的大意是说："当今的佛教寺院，在建筑规模上已经超过了皇帝的宫殿。营建这些寺院无法借助鬼神之力，只能依靠百姓出力。物资不会从天而降，终究来自地里，不靠劳累百姓，又怎能得到这些东西呢？"他又说："游方和尚都依托佛法，贻误百姓，他们动不动就在街巷里修建经坊，连市场里也盖起佛寺。"他还说："梁武帝、简文帝父子对佛寺的施舍无限，等到三淮、五岭叛乱迭起的时候，大街上鳞次栉比的寺院佛塔，却无法挽救身危国亡之祸；到处都是和尚、尼姑，哪里还有勤王救主之师！"他又说："陛下即使收齐了僧侣所捐助的资金，但是这笔钱还不够建造大佛像所需费用的百分之一。近年来水旱灾害时有发生，边境又不安宁，如果为修建大佛像而耗费国库资财，又用尽民力，那么万一哪个地方有灾难，陛下将用什么去救援呢？"武则天说："您劝导朕行善，朕又怎么能违背您的意愿呢？"于是停止修建大佛像。

信任敬重梁国公

武则天对内史、梁文惠公狄仁杰十分信任，称他为国老，而不直呼其名。狄仁杰习惯在朝堂上直言规谏，武则天常常采纳。有一次狄仁杰陪同武则天巡游，途中遇到大风，狄仁杰的头巾被吹落在地，坐骑也因受惊而无法驾驭，武则天让太子李显追上惊马，抓住马并将马拴好。狄仁杰曾因年老多病的缘故而屡次提出退休，武则天都没有批准。在狄仁杰入朝参见的时候，武则天常常阻止他行跪拜礼，说："每当看到您行跪拜礼的时候，朕的身体都会感到痛楚。"武则天还免去了狄仁杰晚上在宫中轮流值班的义务，并且告诫大臣们说："如果没有十分重要的军国大事，都不要去打扰狄老先生。"狄仁杰去世后，武则天流着眼泪说："朝堂上再也见不到可以依靠的师长了!"此后朝廷一有大事,如果群臣无法决断,武则天就会叹息道:"老天为何这么早就将朕的国老夺走呢!"

武则天曾经问狄仁杰:"朕希望能找到一位杰出的人才委以重任,您看谁合适呢?"狄仁杰说:"不知道陛下想让他担任什么职务?"武则天说:"朕想让他担任宰相。"狄仁杰回答道:"如果陛下所要的是文采风流的人才,那么苏味道、李峤合适。如果陛下要找出类拔萃的奇才,那就只有荆州长史张柬之了,他虽然老了一些,但却的的确确是一位宰相之才。"于是武则天任命张柬之为洛州司马。过了不久,武则天又要狄仁杰举荐人才,狄仁杰说:"臣前几天推荐的张柬之,陛下还没有任用呢。"武则天说:"朕已经给他升官了。"狄仁杰回答说:"臣所推荐的张柬之是宰相的人才,不是当司马的。"于是武则天任命张柬之为秋官侍郎。过了很长时间,终于任命张柬之为宰相。狄仁杰还先后向武则天推荐了姚元崇、桓彦范、敬晖等数十人,后来这些人都成为一代名臣。有人对狄仁杰说:"治理天下的贤能之臣,都出自您门下。"狄仁杰回答说:"应该为国家举荐贤才,不能为自己打算。"

久视元年,狄仁杰病故,终年71岁。武则天为他举行哀悼仪式,停止朝会三天。追赠文昌右相,谥曰文惠。后世追尊为梁国公。

武则天还亲自作《制袍字赐狄仁杰》:"敷政术,守清勤。升显位,励相臣。"以示表彰。赞扬他辅佐朝廷的功绩和守清廉而志勤政;位居相位,激励大臣齐心协力,治理国家。

第十三章

苏安恒上疏劝退让　魏元忠直言斗二张

十月初七，武则天任命魏元忠为萧关道大总管，主要是为了防备突厥的侵扰。初十，武则天颁下制书，又重新以正月为十一月，以一月为正月，并大赦天下。这时，正值武三思和张易之兄弟执掌朝政，宰相韦安石屡次当面斥责他们。有一次韦安石在宫中陪侍武则天用膳，见张易之和蜀地富商宋霸子等几个人在一起赌博，便向武则天跪拜奏道："商贾之徒，名列贱籍，哪有资格参加这样的宴会。"说完就让侍臣们将宋霸子等人赶走，在座的臣僚们都吓得变了脸色。由于韦安石敢于直言规谏，武则天特意对他慰劳勉励，同僚们也对他十分敬佩。

久视二年、大至三年、长安元年(701 年)正月初三，由于成州①称发现了大佛足迹的缘故，武则天改年号为大足。

无视劝退立皇碑

八月初六，武邑②人苏安恒上疏说："陛下恭敬地秉行先帝的临终嘱托，接受太子李显的辞让，上敬天意，下顺民心，至今已有 20 年了。难道陛下没有听说过

① 今广东封开东南。
② 今河北武邑。

周公归政于成王的故事吗！”又说：“现在太子尊崇孝亲敬上之道，又已到壮年，如果让他即皇帝位，治理国家，与陛下自居帝位又能有什么区别呢！陛下的年纪与德望都很高了……为什么不将帝位禅让给太子，以追求御体的安康愉悦呢！”还说：“自古以来治理天下，未曾听说两个不同姓氏的家族成员同时被封为王的”。苏安恒的奏疏进呈之后，武则天召见了苏安恒，并赐给他酒与饭，用好话劝慰之后将他送出宫。

武则天年事已高，朝廷政事大都让张易之兄弟去处理；邵王李重润①和他的妹妹永泰郡主②以及永泰郡主的丈夫、武则天侄孙、魏王武延基在私下议论。张易之将此事告诉了武则天。九月初三，武则天逼迫三人自杀。二十七日，武则天任命相王李旦主持左、右羽林卫大将军的事务。十月初三，武则天西行入潼关。二十二日，到达京城长安；下诏赦免天下罪犯，改年号为长安。十一月初十，武则天将含元宫改名为大明宫。

十二月，武则天为其父立大周无上孝明高皇帝碑③于文水昊陵。碑高五丈，宽九尺，厚三尺，碑文长达6700余字，由宰相李峤撰文，相王李旦书写，记载了武氏家族的起源及武则天父亲武士彟的一生经历。

长安二年(702年)正月十七日，武则天首次在科举考试中增设武举。五月初六，苏安恒第二次上疏，大致说：“这天下是大唐的天下，陛下虽居皇帝之位，依靠的是大唐的基业。现在太子李显重新得立，正当壮年，品德高尚，而陛下因贪恋皇位而忘却母子之间的深厚恩情，将以什么脸面去见大唐的列祖列宗，又将以何身份去谒见高宗大帝的陵寝？陛下如今还要日夜忧虑国事，而不明白自己已到了晨钟敲响、夜漏将尽的暮年！臣愚昧，以为天意人心，都希望将皇位归还李家……”武则天听了也没有加罪于他。二十九日，武则天任命相王李旦为并州牧，充任安北道行军元帅，任命魏元忠为他的副职。

这年六月，武则天为其母杨氏立大周无上孝明高皇后碑于陕西咸阳顺陵④。碑文约4300余字，由武则天的侄子梁王武三思撰文，武则天的幼子、相王李旦书写。碑文介绍了杨氏的籍贯、姓氏起源、祖上官司爵以及杨氏的一生经历。碑文

---

① 武则天孙、李显和韦皇后长子。

② 武则天孙女、李显第七女。

③ 又称攀龙台碑。

④ 望凤台。

记载:杨氏于咸享元年(670年)逝世后,武则天曾命大使备法物,到山西文水昊陵迎武则天之父武士彟的灵魂去陕西咸阳顺陵,举行迎魂合葬仪式。

无惧权贵遭诬陷

当时,司仆卿张昌宗兄弟贵显已极,权倾朝野。八月二十三日,太子李显、相王李旦、太平公主上表,请求封张昌宗为王,武则天拒绝了这一建议。二十七日,这些人又请求封张昌宗为王,武则天才同意赐张昌宗为邺国公。九月十六日,武则天任命太子宾客武三思为大谷道大总管,任命洛州长史敬晖为武三思的副职。十七日,武则天又任命相王李旦为并州道元帅,任命武三思、武攸宜、魏元忠三人为李旦的副职;任命姚元崇为长史,司礼少卿郑杲(gǎo)为司马,但是郑杲没有赴任。

长安三年(703年)九月。左台大夫、同凤阁鸾台三品魏元忠曾担任洛州长史职务。在魏元忠到任之前,张昌仪倚仗几位兄长的权势,每次到洛州长史衙门参拜,都不按规定在庭下站立,而是径直走进长史办公的大厅。魏元忠到任后,毫不客气地叱令他退下。张易之的家奴在神都的街市上横行不法,魏元忠下令将其用杖刑处死。

在魏元忠入朝做宰相以后,武则天征召张易之的弟弟、岐州刺史张昌期入朝,想要任命他为雍州长史。百官上朝奏事时,武则天向诸位宰相问道:"谁可以胜任雍州长史的职务?"魏元忠说:"现在众多的朝臣之中,没有哪一位比薛季昶更合适的了。"武则天说:"薛季昶长期以来一直在京府任职,朕打算另外任命他一个职务。你们认为张昌期这个人如何?"宰相们纷纷附和,唯独魏元忠提出反对意见说:"张昌期不能胜任这一职务!"武则天询问原因,魏元忠回答说:"张昌期还很年轻,不熟悉治理之道。以前他在岐州任官时,岐州人口逃亡严重,所剩无几。雍州地处京城,事情多、担子重,张昌期自然不如薛季昶精明强干、熟悉事务。"武则天没有再坚持。

魏元忠还曾当面向武则天进言道:"从先帝在位直到现在,臣蒙受朝廷大恩,如今臣得忝列宰相之位,不能为国家竭忠效死,致使小人得以在陛下左右掌权,这是臣的罪过呀!"武则天听后很不高兴。张易之兄弟也因此十分憎恨魏元忠。

正值武则天患病,张昌宗担心一旦武则天去世,自己会被魏元忠杀掉,于是诬陷魏元忠曾和太平公主宠爱的司礼丞高戬私下商议:“太后年岁太大了,我们不如倚仗太子,这样才是长久之计。”武则天听了十分生气,下令将魏元忠和高戬逮捕入狱,并准备让他们两人与张昌宗在朝廷上当面对质。张昌宗暗地里找来凤阁舍人张说,用高官厚禄收买他,要他出面证明魏元忠确实说过那些话,张说答应为他作证。次日,武则天召来太子李显、相王李旦以及诸位宰相,让魏元忠与张昌宗当面对质,双方各不相让,因而无法做出决断。张昌宗说:“张说听到魏元忠说过那些话,请陛下召见张说询问。”

武则天召见张说。就在张说即将进入朝堂时,凤阁舍人、南和县人宋璟对他说:“名誉和道义对一个人来说最为重要,任何人都不能欺骗鬼神,切不可以偏袒邪恶之徒,来陷害忠良之士,用不正当的手段求免灾难!如果因此获罪遭受流放,那么值得荣耀的地方就太多了。如果有意外的灾祸,我将上殿力争,与您一同为忠义而死。努力去做吧,能否万古流芳,就在此一举了。”殿中侍御史、济源人张廷也说:“孔子说过,早上得知真理,要我当晚死去都行。”左史刘知几道:“不要让您自己的言行玷污了青史,成为子孙后代的耻辱!”

张说进入朝堂,武则天问他,他没有立即回答。魏元忠害怕了,对张说说:“你也要与张昌宗一起罗织罪名陷害我魏元忠吗!”张说大声呵斥魏元忠:“你身为宰相,为什么竟说出了这种陋巷小人的语言呢!”张昌宗在一旁急忙催促张说,让他赶紧作证。张说说:“陛下都看到了,张昌宗在陛下眼前,尚且这样威逼臣,何况在朝外呢!臣现在当着诸位朝臣的面,不敢不把真实情况禀报陛下。臣实在是没有听到魏元忠说那样的话,只是张昌宗威逼臣,让臣为他作虚假的证词罢了!”张易之和张昌宗急忙大声说:“张说与魏元忠是共同谋反!”武则天追问详情,张易之和张昌宗回答说:“张说曾经说魏元忠是当今的伊尹和周公。伊尹流放了太甲,周公作了周朝的摄政王,这不是想谋反又是什么?”张说说:“张易之兄弟是孤陋寡闻的小人,只是听说过有关伊尹、周公的只言片语,又哪里懂得伊尹、周公的德行!那时魏元忠刚刚穿上紫色朝服,作了宰相,我以郎官的身份前往祝贺,魏元忠对前去祝贺的客人说:‘无功受宠,不胜惭愧,不胜惶恐。’我确实是对他说过:‘您承担伊尹、周公的职责,拿三品的俸禄,有什么可惭愧的呢!’那伊尹和周公都是作臣子的人中最为忠诚的,从古到今一直受到人们的仰慕。陛下任用宰相,不让他们效法伊尹和周公,那要让他们效法谁呢?况且今天我又哪能不知道依附张昌宗就能立刻获取宰相高位、依附魏元忠就会立刻被满门抄斩的道理呢？只是我害怕日后魏元忠的冤魂向我索命，因而不敢诬陷他罢了。”武则天说：“张说是个反复无常的小人，应当与魏元忠一同下狱治罪。”后来，武则天又一次召见张说追问这事，张说的回答仍然与上一次一样。武则天大怒，指派宰相与河内王武懿宗一同审讯他，张说的回答仍然与最初一样。

朱敬则上疏直言申辩说：“魏元忠一向以忠诚正直著称于世，张说入狱又没有任何正当理由，如果将他们治罪，会失掉天下民心。”苏安恒也为此上疏，认为：“陛下登基之初，臣民们都认为您是善于纳谏的皇帝，年纪大了以后，都认为您是喜欢阿谀奉承的皇帝。自从魏元忠下狱，大街小巷纷扰不安，士民们都认为陛下信任为非作歹之徒，贬逐贤良方正之士。那些忠臣志士，都在自己家中拍着大腿唉声叹气，而在朝堂之上却缄口不言，担心万一违犯了张易之等人的意图，会白白送死而毫无益处。现在朝廷征发的赋税劳役都很繁重，百姓生计日益艰难，再加上邪恶之徒专擅放纵，刑罚与赏赐失当，我真担心民心不稳，引发其他的变故，以致朱雀门内动起刀兵，有人前来大明殿夺取帝位，陛下将用什么来解释，又将靠什么来抵御他们？”张易之等人见到苏安恒的奏疏之后，勃然大怒，想要杀死他，幸亏有朱敬则和凤阁舍人桓彦范，著作郎、陆泽县（今河北深州）人魏知古的多方保护，苏安恒才得以幸免。

初九，武则天将魏元忠贬职为高要县尉，将高戬和张说两人流放到岭南。魏元忠辞行的时候，对武则天说：“臣年纪大了，这次前去岭南，多半会死在那里，日后陛下一定会有想起臣的时候。”武则天询问他为什么这样说，当时张易之、张昌宗都在武则天身旁侍奉，魏元忠用手指着他俩回答说：“这两个小儿，最终将成为祸乱的根由。”张易之等人赶忙走下殿堂，呼天抢地、捶胸顿足地声称魏元忠冤枉了他们。武则天叹道：“魏元忠去吧！”

太子仆崔贞慎等八人在郊外为魏元忠饯行，张易之假冒告密人柴明呈上一份状纸，告崔贞慎等人与魏元忠一同谋反。武则天派监察御史马怀素负责审理此案，并对马怀素说：“状子上指控的事全都是属实的，你大概审问一下，就赶紧将处理意见报上来。”没多久，奉命前来催办此案的宦官就来了好几批，并且对马怀素说：“魏元忠与崔贞慎等人谋反的情节非常清楚，你为什么还要这样拖延不决？”马怀素请求让柴明与崔贞慎等人当面对质，武则天说：“朕也不知道柴明在哪里，你只需按照状子上告发的事实审问就行，还要找那个告状的人干什么？”马怀素根据实际情况上报，武则天勃然大怒地问他：“你想放纵谋反的人吗？”马怀素回答说:“臣不敢放纵谋反的罪犯!但魏元忠以宰相的身份遭贬谪,崔贞慎等人因亲朋故旧的关系为他饯行,如果诬陷他们在共同谋反,臣实在不敢。从前梁王彭越谋反,头被砍下示众,梁大夫栾布出使回来,对着彭越的头奏事,汉高祖也没有认为栾布有罪,何况如今魏元忠所受的处罚远远不及彭越,难道陛下反而还要杀掉为魏元忠饯行的人吗!再说陛下掌握着生杀大权,如果要加罪于这些人,您自己决断也就行了。既然陛下派臣负责审理此案,臣就不敢不根据实情上报了。”武则天问:“这么说对这些人你打算一个也不治罪了?”马怀素回答说:“臣才智低下,见识浅陋,实在没发现他们有什么罪过。”武则天这才打消了原来的想法。崔贞慎等人也因此得以幸免。

第十四章

长生殿偏袒控鹤党　迎仙宫计斩五六郎

长安四年(704 年)正月初十,武则天下制书册拜右武卫将军阿史那怀道为西突厥十姓可汗。

群臣谏阻大工程

二十一日,武则天下令拆毁三阳宫,用拆下来的木石材料在万安山修建兴泰宫①。三阳宫和兴泰宫都是在武三思的建议下修建的,并请武则天每年驾临其地。而武三思的用心在于行宫建成之后,每当武则天驾临行宫之日,就他擅权之时。所以,工程耗费巨大,老百姓苦不堪言。左拾遗卢藏用上疏认为:"陛下左右的近臣大多把顺从您的心意当作忠诚,朝廷臣僚又都把违逆触犯您的旨意奉为戒条,致使陛下不了解百姓已经因此而失去了谋生的常业,从而有损于陛下的仁德。假如陛下真能体恤百姓,颁发制书下令停止这项工程,那么天下百姓就会称赞陛下的美德了。"武则天不听。

四月初七,武则天指派同凤阁鸾台三品韦安石掌管纳言事务,李峤掌管内史事务。武则天再一次向全国的和尚、尼姑征税,在洛城以北的白司马阪建造大佛像,命令春官尚书武攸宁主持这一工程,耗费的资财人力十分巨大。李峤上疏认

① 距洛阳西南 40 里,武则天行宫。

为:"全国编入户籍的平民百姓,贫困潦倒无以为生的很多。现已筹集到的用于建造大佛像的钱有 17 万余缗,如果用来分散施舍穷苦百姓,每人给钱 1000 的话,也可救济 17 万余户。拯救百姓饥寒之苦,减少臣民劳役之勤,既顺乎佛祖慈悲为怀的本意,又能让人们蒙受圣明天子抚养培育的恩惠,这将使人神皆大欢喜,功德无量。陛下修造佛像以成就来世的因缘,哪里比得上赈济百姓以求得现世的效应呢?"

监察御史张廷珪也上疏谏阻道:"臣从当前治理国家的需要来说,则应首先考虑边境地区的防务,增加国库储备,使百姓得以休养生息;从佛教教义方面来看,则应当拯救众生的苦难,消除各种追求表面形象的做法,崇尚清静无为。恳切地希望陛下能够体察臣的愚见,执行佛祖的旨意,一定要把是否有理放在首位,而不是因人废言。"武则天因此而停止了修建大佛像的工程,并且召见张廷珪,表达了对他的赞赏与抚慰之情。

绝赞莲花像六郎

七月初三,武则天任命神都副留守杨再思为内史。杨再思当了宰相以后,专门靠阿谀奉承来取悦于人。司礼少卿张同休是张易之的哥哥,有一次他宴请朝中公卿大臣。在酒喝到最畅快的时候,张同休拿杨再思开玩笑说:"杨内史脸长得像高丽人。"杨再思听了没有发怒,反而很开心,当即剪纸贴在帽子上,反披着紫色朝服,表演起高丽舞来,满座的人都大笑。当时还有人称颂张昌宗长得漂亮,说:"六郎的脸长得像莲花一样。"唯独杨再思道:"不是这样的。"张昌宗问他这是为什么,杨再思回答说:"应当说莲花长得像六郎才对。"还有一说,一次武则天和张昌宗、张易之,以及太平公主、上官婉儿同幸上林苑赏荷,张筵畅饮。公主赞叹道:"美啊六郎,貌似莲花。"婉儿说:"六郎非常美,莲花未必如六郎。"武则天说:"莲花出污泥而不染,是花中的上品,为什么说不如六郎?"婉儿说:"六郎面容,春天像雨后桃花,夏天像出水莲花,秋天像凝露海棠,冬天像晓日芙蓉。公主说六郎貌像莲花,我则认为莲花像六郎罢了。"于是莲花像六郎的话,传为美谈。

武则天一朝,培养了无数贪官、酷吏和溜须拍马的官员。杨再思居相位十余年,明哲保身,极其奸诈,以谄媚阿谀而著称。他溜须拍马的功夫可谓是前无古人后无来者。有一次,一辆牛车陷在泥泞中,无论怎样吆喝就是拉不出来,车夫愤怒地说："当今宰相不能调和阴阳，才招致水灾发生，水灾发生后，宰相又闭门不出，使我们行路更加艰难，当今宰相真是个傻宰相！"杨再思听说后不但不恼火，反而派随从去说："你的牛孱弱无力，应该责怪你的牛，怎能责怪宰相呢？"

太后作梗审二张

十二日，司礼少卿张同休、汴州刺史张昌期、尚方少监张昌仪都因犯贪赃罪被捕下狱，武则天命令左右台共同审理此案。十三日，武则天颁下敕书，认为张易之、张昌宗专行赏罚，独揽威权，应当与张同休等人并案审理。十八日，司刑正贾敬言上奏说："张昌宗强行收买民田，应当向他征收黄铜20斤。"武则天认为可以。二十二日，御史大夫李承嘉、御史中丞桓彦范上奏道："张同休兄弟共贪赃钱4000余缗，依法应判处张昌宗免官。"张昌宗上奏申辩说："臣为国家立过功，现在所犯的罪过还不至于达到必须被免官的程度。"武则天向各位宰相发问："张昌宗有没有立过功？"杨再思说："张昌宗调制了神丹，陛下服下后确有效验，功劳很大。"武则天听后很高兴，于是下令赦免张昌宗的罪，并官复原职。由此，左补阙戴令言写了一篇《两脚狐赋》，讥讽杨再思虽然长着人的两只脚，但却像狐狸一样厚颜无耻，献媚取宠以讨好别人。杨再思大怒，遂将戴令言外放为长社县令。三十日，武则天将张同休贬为岐山丞，将张昌仪贬为博望丞。

鸾台侍郎、知纳言事、同凤阁鸾台三品韦安石上奏检举张易之等人所犯的罪行，武则天下令将张易之等人交付韦安石及右庶子、同凤阁鸾台三品唐休璟审讯，但还没等此案审理完毕，事情又发生了变化。八月初一，武则天任命韦安石兼任检校扬州长史。初七，又任命唐休璟兼任幽州[①]、营州都督、安东都护。时太子李显在东宫，唐休璟赴任之前，秘密地对太子说："现在张易之和张昌宗凭借天子的恩宠而不履行臣子的本分，日后必将作乱。殿下应当对此加以防备。"

此时，武则天为了保护张易之等人，不等韦安石、唐休璟审理完，就将他们调离京城。

十月二十二日，在灵武道安抚大使姚元之的荐举下，武则天任命秋官侍郎张柬之为同平章事（宰相职），这时张柬之已近80岁了。

---

① 今北京。

十二月，武则天一病不起，一直住在长生殿，只有张易之和张昌宗两人在身旁侍奉，宰相们几个月都无法见到武则天。当武则天的病情稍有好转，崔玄暐上奏说："太子和相王，仁德彰明，孝顺母亲，友爱兄弟，完全可以在您身旁侍奉汤药。皇宫是重地，事关重大，希望陛下不要让异姓人随意出入。"武则天十分感激。张易之、张昌宗见武则天病情十分严重，担心武则天一旦去世，他们即大祸临头了，于是便拼命拉拢同伙来援助自己，暗地里悄悄作准备。这时，不断有人写匿名信或将匿名信张贴于通衢闹市，说"张易之兄弟阴谋反叛"，武则天对这些消息一概不闻不问。

二十日，许州[①]人杨元嗣指控道："张昌宗曾召见过一个名叫李弘泰的江湖术士给他看相占卦，李弘泰说张昌宗有天子之相，劝他在定州修建佛寺，并说这样做就可以使天下百姓对他倾心归附。"武则天指派凤阁侍郎、同平章事韦承庆，以及司刑卿崔神庆和御史中丞宋璟共同审理此案。韦承庆和崔神庆上奏道："张昌宗招供说'李弘泰说过的话，我很快就向天子奏明了'，根据大唐法律的规定，张昌宗主动自首应当免予处罚。李弘泰妖言惑众，应当逮捕治罪。"

宋璟与大理丞封全祯上奏道："张昌宗受到陛下如此的恩宠，他还要召见术士看相占卦，他到底还希望得到什么！李弘泰说他为张昌宗占得纯《乾》卦，这是天子之卦。如果张昌宗认为李弘泰的所作所为是妖言妄行，那么他为什么不将李弘泰捆绑起来送到有关部门治罪！虽然张昌宗说已经将此事上奏天子，终究还是包藏贼心，依法应对张昌宗处以斩刑，并没收他的家产。请求逮捕张昌宗下狱，彻底处治他的罪恶！"武则天一直不作声。宋璟又说："如果不将张昌宗立即拘禁，恐怕会造成人心不稳的后果。"这时武则天才说："你们先暂且停止审理这个案子，让朕仔细再看一看有关的文书和诉状再说吧。"

左拾遗、江都县人李邕进言道："希望陛下能同意按照宋璟的意见办理此案。"武则天不同意李邕的意见。很快就敕令宋璟到扬州去审理案件，又敕命宋璟去审理幽州都督屈突仲翔的贪污案，接着又敕命宋璟作李峤的副职，去安抚陇、蜀之民。宋璟上奏道："依照惯例，州、县官吏犯罪，官品高的由侍御史审理，官品低的由监察御史审理，如果没有事关军国大事的重大案件发生，御史中丞都不应出使地方。现在陇、蜀两地并没有重大案件发生，我不明白陛下一定要派我

---

① 今河南许昌。

外出是什么原因，因此我不敢接受陛下的任命。”

司刑少卿桓彦范上疏说：“张昌宗没有任何功劳而受到陛下如此宠爱，却还要包藏贼心，这是他自作自受，也是上天动怒要惩罚他。陛下不忍心诛杀张昌宗，是违背天意的不祥行为。张昌宗既然说他已经将李弘泰的反逆言论上奏陛下，就不应当再与李弘泰交往，还让李弘泰用法术为自己求福消灾，这只能说明张昌宗根本没有悔改的意思。张昌宗之所以把这件事上奏给陛下，是打算万一事情败露了就说事先已经告诉过陛下，如果没有人发觉便等待时机作乱。这是奸臣的诡计，如果说张昌宗还可以饶恕的话，那么什么样的人才够得上受处罚呢?！再说这样的事情已是第二次发生了，陛下还不加以追究，使张昌宗更加自以为得计，天下臣民也会因此而错误地认为是上天不让张昌宗死，这是陛下姑息养奸而导致他作乱。倘若对谋逆之臣也不加诛戮，这江山社稷就会覆亡。请陛下允许将张昌宗交给鸾台凤阁中台秋官、司刑寺、御史台三司处理，以便彻底查清他的罪行！”这篇奏疏呈上去以后没有得到回音。

崔玄暐也屡次向武则天提起这件事，武则天这才下令司法部门议定张宗昌的罪。崔玄暐的弟弟、司刑少卿崔升认为应当将张昌宗处以死刑。宋璟又奏请逮捕张昌宗入狱。武则天说：“张昌宗自己已经把那件事情告诉了我。”宋璟回答说：“张昌宗是因为被匿名信逼得走投无路才自己说出来的，实际上根本不是出自他的本意。况且他所犯下的是谋反大逆之罪，不允许因自首而免刑。如果张昌宗可以不被处死，那还要国法干什么！”武则天语气温和地为张昌宗辩解开脱。宋璟越来越激动，声色俱厉地说：“张昌宗承受着他不应该享受的恩泽，臣深知此言一出就会大祸临头，但正义驱使着我说出这样的话，即使是因此而死也没有什么可遗憾的！”

宰相杨再思担心宋璟再说下去会忤犯天子旨意，急忙让他退出，宋璟大声说道：“圣明天子就在眼前，用不着麻烦你这个宰相擅自宣布敕命！”武则天最终同意了宋璟的意见，让张昌宗前往御史台接受审讯。宋璟立即在庭院对他进行审讯，但还没等审讯完毕，武则天又颁下敕书赦免了他。

孟将计谋斩二张

神龙元年(705 年)正月初一，武则天下诏赦免天下罪犯，改年号神龙。武则天病得非常严重，麟台监张易之和春官侍郎张昌宗居宫中执政。

张柬之、崔玄暐等人谋划除掉张易之和张昌宗。张柬之问右羽林卫大将军李多祚说："将军今日的荣华富贵，是谁给的？"李多祚流泪回答："是先帝给的。"张柬之说："现在先帝的儿子受到张易之和张昌宗的威胁，难道将军不想报答先帝的恩德吗！"李多祚回答说："只要对国家有利，我一切都听您安排。"于是指天发誓，并且与张柬之、崔玄暐等人一同定下了铲除张易之和张昌宗的计谋。

当初，张柬之接替荆州都督府长史、虢州阌乡人杨元琰的职务，两人一同泛舟于长江之中，当小船漂到江心时，谈到了武则天以周代唐的事，杨元琰慷慨激昂，有助大唐的志向。张柬之入朝作了宰相后，便推荐杨元琰担任右羽林将军，并且提醒他说："您还记得我们当初在江心泛舟时所说的话吧？今天这项任命可不是随便给您的呀。"张柬之还任用了桓彦范、敬晖等人，让他们担任左、右羽林将军，把禁军交给他们指挥。这件事引起了张易之兄弟的怀疑和忧虑，张柬之于是又任用张易之的党羽武攸宜为右羽林大将军，张易之等人才放了心。

不久，姚元之从灵武（今宁夏灵武）回到朝廷，张柬之和桓彦范交谈说："大事就要成功了！"于是将商量好的计谋告诉姚元之。桓彦范又将这事禀告了他的母亲，母亲勉励他说："忠孝不能两全，应当先为国家大事着想，然后再考虑自家的小事。"这时太子李显已从北门入宫向武则天问安，桓彦范和敬晖前往拜见太子，秘密地将他们的计谋告诉太子，李显同意了他们的计谋。

二十二日，张柬之、崔玄暐、桓彦范与左威卫将军薛思行等人率领左右羽林兵来到玄武门，派李多祚、李湛及内直郎、驸马都尉王同皎[①]到东宫去迎接太子李显。李显有所怀疑，没有出来，王同皎说："先帝把皇位传给殿下，殿下无故遭到幽禁废黜23年，现在上天诱导人心。禁军的羽林诸将与宰辅朝臣得以同心协力，立志诛灭凶恶的小人，恢复李氏的江山社稷，希望殿下去玄武门以满足大家的期望。"李显说："凶恶的小人的确应该翦除，但是陛下圣体欠安，你们这样做会使陛下受惊！请诸位日后再图此事。"李谌说："诸位大臣为了国家不顾身家性命，殿下为什么要让他们面临鼎镬[②]的酷刑呢！请殿下亲自去制止他们。"李显这才出来。

---

① 同意了尚娶太子李显的女儿定安郡主。

② 鼎和镬。古代两种烹饪器。

王同皎将太子李显扶上马，并陪同李显来到玄武门，并进入宫中。张柬之等人在迎仙宫的走廊里将张易之和张昌宗斩首，然后进入武则天居住的长生殿，武则天吃惊地坐起来，问道："是谁作乱?"张柬之回答说："张易之、张昌宗阴谋造反，臣等已奉太子的命令将他们斩首，因为担心可能会走漏消息，所以没有事先向陛下禀告。在皇宫禁地举兵诛杀逆贼，惊动天子，臣等罪该万死!"这时，武则天看见太子李显也在人群之中，便对李显说："这件事是你让干的吗? 这两个小子已经被诛杀了，你可以回东宫去了。"桓彦范上前说："太子哪能回东宫呢? 当初先帝将太子托付给陛下，现在太子年纪已大，却还在东宫当太子，天意民心，早已思念李家。群臣不敢忘怀太宗、高宗的恩德，所以尊奉太子诛灭犯上作乱的逆臣。希望陛下将帝位传给太子，以顺从天意民心!"李湛是李义府的儿子，这时武则天看见了李湛，对他说："你也是杀死张易之的将军吗? 我平时对你们父子不薄，想不到竟然会发生今天的变故!"李湛满面羞惭，不能回答。武则天又对崔玄暐说："别的人都是经过其他人推荐之后提拔的，只有你是朕亲手提拔的，你怎么也在这里呢?"崔玄暐说："我这样做正是为了报答陛下对我的大恩大德。"

接下来，张柬之等逮捕了张昌期、张同休、张昌仪等人，将他们全部处斩，并在神都天津桥的南边将上述人犯与张易之、张昌宗两人一道枭首示众。就在这一天，为防范突然事变的发生，袁恕己随从相王李旦统率南牙(南衙)的兵马，他们将韦承庆、房融及司礼卿崔神庆等都逮捕入狱，因为他们都是张易之的同党。

第十五章

废武周神龙闹政变　复李唐太子重掌权

二十三日，武则天颁下制书，决定由太子李显代行处理国政，大赦天下。任命袁恕己为凤阁侍郎、同平章事，派遣十位使者分别携带天子的玺书前往各州进行安抚工作。二十四日，武则天将帝位传给太子李显。

二十五日，李显第二次即皇帝位，下诏大赦天下，张易之的党羽不在赦免之列。那些被周兴等人冤枉的人，一一昭雪，他们的子女中如有被发配流放或者被没入官府作奴婢的，都予以赦免。李显加相王李旦封号为安国相王，任命他为太尉、同凤阁鸾台三品；加太平公主封号为镇国太平公主。此外，皇族子孙恢复身份，并且根据具体情况封授官爵。

上述事件，史称“神龙革命”，又称五王政变、中宗复辟。

二次即位复大唐

李显第一次即皇帝位是在弘道元年（683 年）十二月十一日，嗣圣元年（684 年）二月初六被废。22 年以后，李显第二次即皇帝位。

二十六日，武则天迁居上阳宫[①]，李湛留下负责警卫。二十七日，皇帝李显

① 洛阳禁苑之东。

带领文武百官来到上阳宫，给武则天上尊号为“则天大圣皇帝”。

二十九日，李显任命张柬之为夏官尚书、同凤阁鸾台三品，崔玄暐为内史，袁恕己同凤阁鸾台三品，敬晖和桓彦范都被任命为纳言。这些有功之臣都赐爵为郡公。李多祚赐爵为辽东郡王；任命王同皎为右千牛将军，并赐爵为琅琊郡公；任命李湛为右羽林大将军，晋爵赵国公。其他有功人员也给予不同的官爵和赏赐。

二月初一，李显带领文武百官到上阳宫向武则天请安，问候她的日常生活状况。初四，李显下诏恢复大唐国号。自武则天于载初元年(690 年)九月初九，改元天授，国号为“周”，至神龙元年(705 年)，大唐曾失去国号 15 年。到这个时候，才得以恢复。之后，规定郊庙、社稷、陵寝、百官、旗帜、服色、文字等都恢复唐高宗李治永淳年间以前的旧制，神都又恢复东都旧名，北都恢复并州旧名，老君①仍称为玄元皇帝。

初五，皇帝李显将凤阁侍郎、同平章事韦承庆贬为高要②尉；将正谏大夫、同平章事房融除名并流放到高州；将司礼卿崔神庆流放到钦州。李显又任命杨再思为户部尚书、同中书门下三品、西京③留守。

十四日，李显将他的妃子韦氏立为皇后，大赦天下；又追赠韦皇后之父韦玄贞为上洛王，追赠韦皇后之母崔氏为上洛王妃。

左拾遗贾虚己上疏认为：“异姓之人不得封为王，是从古至今的定制。现在中兴刚刚开始，黎民百姓无不钦慕向往，都在观望陛下如何治理这个国家。而陛下却首先追赠韦皇后的父亲为王，这不是用来在全国扩大陛下贤德的办法。况且高宗时期追赠武皇后的父亲武士彟为太原王，这个教训离现在并不遥远。如果认为命令已经发布无法收回，陛下应该让韦皇后坚决推辞，这样更能显示韦皇后谦虚守礼的美德。”李显没有采纳他的建议。

韦后效仿武则天

先前，韦皇后生育了邵王李重润以及长宁和安乐两位公主，在李显被放逐到

---

① 太上老君，老子的神化称谓。

② 今广东高要。

③ 今陕西西安。

房陵去的时候，安乐公主在路上出生，所以李显特别喜欢她。李显与韦皇后在房陵被幽禁期间，共同经历了各种艰难困苦，因而两个人的感情十分深厚。李显每当听到武则天派使者前来的消息，都惊慌失措想要自杀，韦皇后制止他说："祸福并非一成不变，最多不过一死，您何必这么着急呢！"

李显曾经私下对韦皇后发誓："如果日后我能重见天日，一定会让你随心所欲，不加任何限制。"所以在韦氏重新成为皇后以后，便像武则天在李治朝那样干预起朝政来了。桓彦范上表认为："陛下每次临朝，皇后总是坐在帷帐后面参与对军国大事的处理。臣观察历朝帝王，没有哪一个与妇人共同执政而不导致国破身亡的。再说阴凌驾于阳之上，是违背自然法则的；妇人欺凌丈夫，是违背人伦之道的。希望陛下观察古今治乱兴衰的经验教训，时刻想着社稷与百姓，敦促皇后严守皇后的本分，一心一意地致力于女子的教化，不要到外朝来干预国家政事。"李显没有表态。

在此之前，胡僧慧范凭借虚妄的邪说结交权贵，与张易之、张昌宗兄弟等人相处得很好，韦皇后也很看重他。等到张易之被诛灭以后，韦皇后又称慧范也参与了诛杀张易之等人的计划，于是慧范因功被授为银青光禄大夫，并赐爵为上庸县公，使他得以出入皇宫，皇上李显也多次穿便衣到他所居住的地方。桓彦范又上表指控慧范用邪门歪道紊乱朝政，请求将他处死。李显没有采纳。

当初武则天在铲除李唐宗室的时候，最先杀掉的是那些有道德才能的人，只有吴王李恪的儿子、郁林侯李千里，心地狭窄性情浮躁，没有才能，再加上一次又一次地向武则天进献祥瑞，因而得以幸免。李显即位之后，封李千里为成王，任命他为左金吾大将军。武则天所诛杀的李唐诸王、王妃、公主、驸马等都未曾埋葬，这些人的子孙有的被流放到岭南地区，有的已经在监狱中拘禁了数年之久，有的躲藏在民间成为雇工。到这时候，李显颁下制书，命令各州县寻访这些死去的宗室贵族，根据死者的身份依礼改葬；并且给这些死者恢复原任官爵；召回他们的子孙，让他们承袭父辈的爵位；对那些没有子孙的人，则替他们选择后嗣以续其香火。不久，散落各地的宗室子孙相继来到东都，李显全都召见了他们。大家流着泪向李显行了舞拜礼[①]。李显根据血缘关系的亲疏远近赐给了他们大小不等的官职、爵位。

---

① 手舞足蹈之礼。

洛州长史薛季昶对张柬之和敬晖说："张易之、张昌宗这两个元凶虽然已被铲除，但有些人还在朝中任职，斩草不除根，终当复生。"张柬之、敬晖回答说："现在大局已定，你说的那些人不过是案板上的肉罢了，还能有什么作为！现在杀的人已经够多的了，不能再多杀了。"薛季昶叹口气说："不知道将来会死在哪里了。"朝邑尉、武强①人刘幽求也对桓彦范和敬晖说："武三思还没有受到惩处，你们这些人终究会死无葬身之地；如果现在不及早作准备，等到大祸临头再后悔就来不及了。"桓彦范和敬晖也没有采纳。后来，果然应了薛季昶的话，张柬之等人被武三思所害。

上官婉儿是上官仪的孙女，上官仪被杀后，她被没入后宫。上官婉儿聪明伶俐，能言善辩，写得一手好文章，又熟悉官府事务。武则天十分喜欢她，自圣历年间以后，经常让她参与对各衙门所上表章奏疏的处理；李显即位后，更加信任她，又让她专门负责草拟皇帝的命令，封她为婕妤，让她执掌宫中事务。上官婉儿与武三思私通，所以偏袒武氏，她又向韦皇后推荐武三思，将武三思领进宫中，李显于是又与武三思商议政事，张柬之等人从此都受到了武三思的遏制。武三思又与韦皇后私通，武氏的势力因此又渐渐强大起来。

拒谏五臣有隐患

张柬之等人屡次劝谏皇帝李显诛灭武氏集团，李显都不听。张柬之等人说："太后改唐为周的时候，李唐宗室被诛杀殆尽；现在多亏天地神灵的庇佑，陛下又重登帝位，但武氏却像以往一样安稳地把持着他们所窃取的官爵职位，这种情形难道是朝野之士所希望看到的吗？希望陛下减少他们的俸禄，削夺他们的官爵，以告慰天下之人！"李显不予理睬。张柬之等人拍着几案叹道："皇上作英王时，在人们眼里是一个勇武刚烈的人，我们之所以没有诛灭武氏集团，是为了让皇上能亲自诛杀他们以扩大天子的声威。现在皇上却反过头来重用武氏集团成员，谁知以后又会怎么样呢！"

李显屡次身穿便服到武三思家去，监察御史、清河②人。崔皎用张衡《东京

① 今河北武强。

② 今河北邢台。

赋》中"白龙鱼服，见困豫且"的典故来劝谏皇上，不要隐藏身份，微服出行，恐有不测之虞。李显把崔皎密疏的内容泄露了出去，武三思和他的党羽们对崔皎恨之入骨。

十六日，李显任命太子宾客武三思为司空、同中书门下三品[①]。

左散骑常侍、谯王李重福，是李显第二子；李重福的妃子是张易之的外甥女。韦皇后讨厌李重福，便在李显面前诬陷他说："李重润被迫自杀，是李重福在太后面前诬陷所致。"李显因此将李重福贬为濮州员外刺史，不久又改任他为均州刺史，并且常常命令州官对他严加防范。

十七日，李显任命右散骑常侍、安定王武攸暨为司徒、定王。

二十一日，相王李旦坚决要求辞去太尉及宰相职务，李显同意了他的辞职请求。李显又想立相王李旦为皇太弟，因李旦坚决推辞而作罢。

二十七日，武三思和武攸暨坚决推辞刚被任命的新职务和爵位，李显同意了他们的请求，并且加封他们为开府仪同三司[②]。

李显立皇子、义兴王李重俊为卫王，北海王李重茂为温王；仍然让李重俊担任洛州牧。

三月初五，李显颁下制书："文明年间以来因获罪而破败了的家族的子孙都可以恢复原来的地位与荫庇，只有徐敬业、裴炎不在赦免之列。"初八，又颁下制书："酷吏周兴、来俊臣等人，已经死去的要追夺官爵，现在还活着的都要流放到岭南的偏僻之地。"初十，李显任命袁恕己为中书令[③]。还将高宗大帝李治原王皇后蟒氏、萧淑妃枭氏、都恢复为原来的王氏、萧氏。

当时，江湖术士郑普思和尚衣奉御[④]叶静能都凭借虚妄的邪说得到李显的信任和重用。四月，李显没有通过外廷，亲笔书写敕书任命郑普思为秘书监[⑤]，叶静能为国子祭酒[⑥]。桓彦范和崔玄時坚决反对，李显说："我已经任命了他们，不能这样快就改变。"桓彦范说："陛下在刚刚即位时，曾颁下制书说国家的各项

---

① 宰相。

② 文散官的最高官阶，从一品。

③ 宰相职。

④ 为皇帝管理衣物的官员。

⑤ 掌管皇家经籍图书，秘书省长官。

⑥ 主管学务的官员。

行政措施与法令都将完全依照贞观时期的定制。贞观时期，担任秘书监职务的是魏徵、虞世南和颜师古，担任国子祭酒职务的是孔颖达，这些人的道德才能是现在的郑普思和叶静能所能比拟的吗?”左拾遗李邕上疏认为:“《诗经》300 篇，用一句话来概括，叫作‘思想纯正。’如果真有能让人长生不老的神仙，那么秦始皇和汉武帝早就遇上了;如果佛祖真能为人谋利造福，那么梁武帝早就如愿以偿了。唐尧、虞舜之所以能够成为历代帝王的典范，也是由于他们努力修治好了世上的各种事情罢了。陛下对郑普思和叶静能这样的人恩宠有加，对于治理国家没有什么用处!”李显一概不听。

李显即位那一天，朝廷就用驿车从高要县召回魏元忠;十八日，魏元忠抵达东都，李显任命他为卫尉卿、同平章事。二十五日，李显任命魏元忠为兵部尚书，韦安石为吏部尚书，李怀远为右散骑常侍，唐休璟为辅国大将军，崔玄玮为检校益府长史，杨再思为检校杨府长史，祝钦明为刑部尚书，上述人等都同时兼任同中书门下三品。魏元忠等人都是曾在李显作太子时作过东宫僚属的，因而得到这样的褒奖。

二十六日，李显任命张柬之为中书令。二十九日，李显下诏追赠已故的邵王李重润为懿德太子。

五月初四，李显将武周七庙的神主迁到西京崇尊庙，并颁下制书:“对于武太后及其父、祖的名讳，上奏言事的臣民都不得触犯。”初七，李显在东都设立太庙及社稷。

李显把张柬之等人以及武攸暨、武三思、郑普思等 16 人都当作为国家立下功劳的功勋，赐给他们铁券，并规定如果这些人所犯的不是谋反叛逆之罪，每个人都可以宽恕死罪十次。十五日，敬晖等人率领文武百官上表李显，认为:“五德之运轮流兴起，没有两德同时盛大的事情。天授年间改朝换代之际，李唐宗室被诛杀流徙殆尽，哪里有与武氏同殿受封的权利！现在上天又重新眷顾李姓，但武氏仍然像以往那样受封为王，与李姓宗室一起居住在京师，开天辟地以来从未有过这样的道理。希望陛下为大唐江山着想，顺从朝野士民的心愿，削夺武氏的王爵以安定人心。”李显没有同意。

敬晖等人害怕武三思的谗言陷害，便把考功员外郎崔湜当作自己的耳目，以便随时刺探武三思的消息。崔湜见李显亲近武三思而猜忌敬晖等人，于是又将敬晖等人的打算告诉了武三思，反而为武三思效劳。于是武三思推荐崔湜作了中书舍人。

之前，殿中侍御史郑愔巴结张易之和张昌宗，二张败死之后，被贬为宣州司士参军，又因犯贪赃罪的缘故，逃到东都，私下拜见武三思。郑愔刚见到武三思时，哭得很悲痛，一会儿又放声大笑。武三思向来位尊任重，对郑愔的悲喜无常感到非常奇怪。郑愔解释道："我在刚刚见到大王时之所以痛哭失声，是在为大王将被戮尸灭族而感到悲哀。悲哀之后又放声大笑，是在为大王能得到郑愔的帮助从而得以免祸而感到高兴。大王您虽然深得天子的欢心，但张柬之、敬晖、桓彦范、崔玄暐和袁恕己这五人手中都掌握着将相大权，并且个个胆略过人，以至于废掉太后的帝位都易如反掌。大王您自己考虑您与太后相比哪一个权势地位更重一些?"此时的郑愔，竭尽挑拨之能事，离间武三思与张柬之等人的关系。接着又言及张柬之那五个人对您恨之入骨，日夜都想吃下您的肉，如果不能把大王灭族，他们是不会称心如意的。大王您如果不尽快除掉这五个人，您的生命安全就会像早晨的露水一样没有保障，可是您却还是怡然自乐，自以为像泰山一样安然无恙，这就是我郑愔为大王您感到痛心的原因。"武三思听了十分高兴，向郑愔请教使自己平安无祸的办法，并荐举郑愔作了中书舍人，郑愔与崔湜一道成为武三思的谋主。

须臾皇权又旁落

五月。武三思和韦皇后天天在李显面前诬陷敬晖等人，说他们倚仗功劳专擅朝政，将对大唐的江山社稷不利。李显相信了他们两人的谗言。武三思等人趁机为李显出谋划策说："不如封敬晖等人为王，同时罢免他们所担任的职务，这样的话，表面不失为尊敬功臣，而实际上又能削弱他们的权力。"十六日，李显封敬晖为平阳王、桓彦范为扶阳王、张柬之为汉阳王、袁恕己为南阳王、崔玄暐为博陵王，同时免去他们的宰相职务，赏赐金帛鞍马，只要求他们于每月初一、十五朝见天子；又赐桓彦范姓韦，与韦皇后同族。不久李显又任命崔玄暐为检校益州长史、知都督事，后来又改任他为梁州刺史。随后武三思便下令文武百官重新恢复执行武则天时期的政策，凡是拒不趋附武氏集团的人都被排斥，那些被张柬之、桓彦范等人贬逐的人又重新被起用，朝政大权全部落入武三思之手。

张柬之等五王请求皇上李显削去武氏集团成员的王爵时，曾找人为他们拟表，众位朝臣中没有人敢于出头。中书舍人岑羲代他们草拟了表章，遣词用语十分激切；中书舍人、偃师人毕构正轮到负责宣读这一表章，言语和神态显得非常严厉。武三思得志以后，便改任岑羲为秘书少监，外放毕构为润州刺史。

李显赞赏宋璟忠诚正直，连续把他提拔到黄门侍郎的高位。武三思曾嘱托宋璟替他办一件事，宋璟义正词严地拒绝他说："现在太后都已经将帝位传给了太子，大王你就应当以侯爵的身份回到自己家里去，怎么还可以干预朝政呢！你难道不知道吕产、吕禄两人的结局吗！"

吕产、吕禄，都是汉高祖刘邦皇后吕雉的侄子。后被太尉周勃等人诛杀。宋璟试图用这个事例来警示武三思。

李显任命韦安石兼任检校中书令，魏元忠兼任检校侍中，又任命李湛为右散骑常侍，赵承恩为光禄卿，杨元琰为卫尉卿。

在此之前，杨元琰知道武三思日益专擅朝政，便向李显请求允许他辞去官位，削发为僧。李显没有同意。敬晖听说这件事后，对杨元琰打趣说："要是我早一点得知此事，我就去劝陛下同意你的要求，剃光你这胡人的脑袋，岂不是太妙了！"杨元琰长了一脸的络腮胡子，看上去像胡人，所以敬晖拿他开这样的玩笑。杨元琰回答说："人在功成名就以后，如果不急流勇退，就会遇到危险。我的确是从心眼里想辞官出家当和尚的，不仅仅是做个样子。"敬晖知道他的真实想法之后非常吃惊，感到很不高兴。在敬晖等人因武三思的诬陷而被杀后，只有杨元琰一人得以幸免。

上官婉儿劝韦后承袭武则天时期的旧制，向皇上李显上表请求规定全国士民百姓一律为被父亲休弃的母亲服丧 3 年。又请求规定天下百姓 23 岁时才算成丁，到 59 岁就免除劳役，她要求作这一改变的目的是收买人心。李显同意了她的所有建议。可李显并未察觉，这些建议动摇了他的皇权。

二十五日，李显下令降低武氏集团成员的爵位，将梁王武三思降为德静县王；将定王武攸暨降为乐寿县王；将河内王武懿宗等 12 人降封为公爵，以此满足天下臣民的心愿。

六月十九日，李显将其兄孝敬皇帝李弘的神主迁入太庙，庙号为义宗。

七月，特进、汉阳王张柬之上表请求回襄州养病。十八日，李显任命张柬之为襄州刺史，但不主管该州事务而领取全额俸禄。十五日，李显将妃子赵氏[①]追立为恭皇后。

九月，李显为韦皇后的父亲上洛王韦玄贞进行改葬，其礼仪都依照武士彟的先例。

十月二十五日，李显任命魏元忠为中书令，杨再思为侍中。十一月初二，群臣给李显上尊号为应天皇帝，为韦皇后上尊号为顺天皇后。初六，李显与韦皇后一同到太庙拜谢列祖列宗，并下诏赦免天下罪囚；同时下诏将相王李旦和太平公主的实封户都加至 10 000 户。即“食一州全封”。

---

① 上元二年，即 675 年，遭幽禁饿死。

第十六章

仙居殿女皇留遗命　大梁山二帝葬乾陵

神龙元年(705年)十一月二十六日,武则天在上阳宫仙居殿驾崩,终年82岁。称帝在位15年。临死时武则天留下遗命:"去掉皇帝称号,以后称为则天大圣皇后。高宗李治的后妃王氏和萧氏两族以及褚遂良、韩瑗、柳奭三人的亲属全部赦免。"

之后,武则天的谥号不断更改、追加。"武后逝世,谥号大圣则天皇后。唐隆元年,改为天后;景云元年,改为大圣天后;延和元年,改为天后圣帝,过了不久,改为圣后;开元四年,改为则天皇后;天宝八载,加谥号为则天顺圣皇后。"

武则天一生与李治共诞育了四子、二女。长子李弘,谥号"孝敬皇帝";次子李贤,谥号"章怀太子";第三子李显(又名李哲),即唐中宗,谥号大和大圣大昭孝皇帝;第四子李旦(又名李旭轮、李轮、武旦),即唐睿宗,谥号玄真大圣大兴皇帝。长女安定思公主,次女太平公主。

风流太后传佳话

武则天不仅是一位女皇帝、政治家,也是一位诗人。除了代表作《如意娘》以外,还有其他诗作。《全唐诗》共收录武则天诗56首,大多是庙堂祭奠之作,也有一些记游抒情诗篇。

一次，武则天游龙门，命令随从的官员即景作诗。左史东方虬先得一诗，武则天赏赐他一领锦袍。待到宋之问的诗写出来，武则天称赞宋诗比东方诗高一筹，锦袍改赏赐给宋之问。”可见武则天对诗作的鉴赏也有很深的造诣。

关于武则天广召男宠一事，从一开始就是半公开的，到了后来就基本公开化了。因为她是皇帝，但凡男皇帝能做的事，女皇帝也一样能做，只是对象的性别不同而已。《辞源》上说：“面，貌之美；首，发之美。面首，谓美男子，引申为男妾，男宠”。武则天一生情欲旺盛，特别在 60 岁以后，老当益壮已不足以形容，淫乱后宫简直到了登峰造极的地步。

据史料记载，在武则天众多的男宠中，有名有姓而且最突出、最受宠的除了有薛怀义、沈南璆、张易之、张昌宗外，还有薛敖曹等人。薛敖曹长得眉清目秀、肤色白皙，且体格健壮、臂力过人。武则天试之，果然身手不凡，十分缱绻地“抚敖曹肩曰：‘卿甚如我意，当加卿号如意君也，明年为卿改元如意矣’”。

此外，武则天还有她心仪的或称“准面首”的若干。如，考功员外郎宋之问、方伎明崇俨、柳良宾、侯祥，以及一些“北门学士”。如果说，武则天蓄养面首，甚至公开广召男宠，主要是为了显示女皇的威权，那么，凭武则天的魄力和能耐，她完全可以，也能够将王公大臣全部换成女性；将“三千宫女”换成“三千男侍”，以此将女皇的权威显示到极致。然而，武则天没有，所以“女皇的权威”说不足信。

元代诗人杨廉夫（杨维桢）曾作诗揭露武则天在“镜殿”宣淫的场景。在李治和武则天时期，皇宫里确实建造过“镜殿”。开耀元年（681 年）“裴匪舒又为唐高宗建造镜殿”。须臾，“唐高宗命令立即将镜剔去”。

严善思上疏阻合葬

从武则天去世后，直到十二月二十一日，李显才亲临同维殿召见群臣。不久，武则天的灵柩将要与唐高宗李治合葬于乾陵，给事中严善思上疏认为：“乾陵墓穴的门是用石头做成的，石门的门缝又用熔化的铁水密封，如果想打开石门，就必须使用钻凿一类的工具。供奉神之道，重在保持幽静玄远的气氛，倘若兴师动众地打开石门，恐怕对神多有惊动亵渎。况且夫妻合葬并非古制，汉代皇帝，大多数都没有与皇后合葬，从魏晋以来，才有合葬的。希望陛下能在乾陵旁边另外选择风水好的地方修建陵墓，假如帝后神灵有知，两人在阴间自然会相聚；如果无知，合葬又有什么用处呢！”李显没有听从他的劝告。

神龙二年(706 年)正月，皇帝李显率百官护送武则天灵柩从洛阳返回京城长安。二十三日，李显任命吏部尚书李峤为同中书门下三品，任命中书侍郎于惟谦为同平章事。

闰月初一，李显颁下制书：“太平公主、长宁公主、安乐公主、宜城公主、新都公主、定安公主和金城公主都可以开建官署，设置僚属。”

武氏卷土又重来

因为敬晖、桓彦范和袁恕己三人仍在京师，武三思忌恨他们，初十，武三思将三人分别外放为滑州[①]、洺州[②]和豫州[③]刺史。

二月二十一日，李显任命刑部尚书韦巨源为同中书门下三品，还让他列入韦皇后的宗族之中。二十二日，李显将胡僧慧范等九人各加授五品官阶，并且分别赐予郡公或县公的爵位；将道士史崇恩等人各加授五品官阶，并且任命他们为国子祭酒员外置同正员；给叶静能加金紫光禄大夫的头衔。

三月初一，中书令韦安石被免去相职，改任户部尚书；户部尚书苏瑰担任侍中、西京留守。

先前，宋之问和他的弟弟、兖州司仓宋之逊都因依附张易之而获罪被贬往岭南。两人逃回东都后，藏在友人光禄卿、驸马都尉王同皎家中。王同皎痛恨武三思和韦皇后的所作所为，对他们恨之入骨。宋之逊在门帘外听到了王同皎所说的话，便秘密地派他的儿子宋昙和他的外甥、校书郎李悛告诉了武三思，希望通过这样做来将功赎罪。武三思让宋昙、李悛及抚州司仓冉祖雍上书，控告王同皎伙同张仲之、祖延庆，武当丞、周憬等秘密勾结壮士，计划杀掉武三思，并趁机带兵闯入皇宫，废掉韦皇后。李显指派御史大夫李承嘉和监察御史姚绍之审理这件案子，又让杨再思、李峤和韦巨源参与此案的审理。张仲之历数武三思的罪

① 今河南滑县。
② 今河北永年。
③ 今河南汝南县。

状，涉及武三思与韦皇后的私情，杨再思和韦巨源根本不予理睬。李峤和姚绍之命令手下人将张仲之反绑双手，送到监狱中关押。张仲之挣扎着回过头来，嘴里还在不停地诉说武三思的罪状，姚绍之下令用棍子揍他，打断了他的手臂。张仲之大喊着说："现在我输给了你，我死了一定要到上天那里去告你。"

初七，王同皎等人都被判处斩刑，家产也都被官府没收。周憬逃到比干庙中，对着比干的灵位高声说道："您比干是上古有名的忠臣，一定能知道我对大唐朝廷的忠心。武三思与韦皇后淫乱，企图颠覆大唐的江山，迟早会在闹市上被枭首示众，只可惜我见不到这一天了！"说完之后即自杀而死。宋之问、宋之逊、宋昙、李悛、冉祖雍等人都被任命为京官，加封为朝散大夫。

武三思和韦后经常诬陷敬晖等人，于是李显又将敬晖降职为郎州刺史、崔玄暐降职为均州刺史、桓彦范降职为亳州刺史、袁恕己降职为郢州刺史。当时与敬晖等一起诛灭张易之、张昌宗而立下功勋的人都被当作敬晖等人的同党而受到贬职处分。

李显大量增置员外官，从在京各部门直到地方各州总共增置员外官2000余人，此外，还破格提升近千名宦官为七品以上员外官[①]。

魏元忠从端州[②]回京并被任命为宰相后，就不再犯颜直谏了，遇事只是随波逐流；朝野人士对他十分失望。酸枣[③]县尉袁楚客写信给魏元忠说："当今朝政有这十大过失，您不去尽力匡正，谁还能匡正它呢？"魏元忠读罢来信，只是羞惭地致歉而已。

四月，李显改赠韦皇后之父、上洛王韦玄贞为酆王，韦皇后的四个弟弟韦洵、韦浩、韦洞、韦泚都被追赠为郡王。

曾拒绝出仕为官的韦月将上书，控告武三思暗地里与韦皇后通奸，日后必将谋乱叛逆。李显看了勃然大怒，下令将韦月将斩首。黄门侍郎宋璟上奏请求依法推究审问，李显越发愤怒，对宋璟说："朕还以为韦月将早就被斩首了，难道还没有执行吗？"宋璟说："有人上书揭发皇后与武三思有私情，陛下不问，就要杀掉上书的人，我担心天下臣民一定会对此事窃窃私议。"仍然坚决地请求先进行审

---

① 正员以外的官。

② 今广东肇庆。

③ 今河南延津西南。

问，李显坚决不答应，宋璟于是对李显说："如果陛下一定要将韦月将斩首，那就先将我斩首好了！否则我终不敢按照您的指令行事。"李显的怒气这才渐渐地平息。由于此季节杀戮罪人与政令相违背，李显于是下令将韦月将处以杖刑，流放岭南。后被广州都督周仁轨处死。

二帝合葬同一陵

五月十八日，李显将则天大圣皇后武则天安葬于唐高宗李治的乾陵。由国子司业崔融撰写《则天大圣皇后哀册文》。

乾陵，位于陕西咸阳市乾县城北六公里的梁山上。是中国乃至世界上绝无仅有的一座两朝天子、一对夫妻皇帝的合葬陵墓，号称中华第一陵。乾陵建于嗣圣元年(684 年)，历时 23 年工程才基本完工。

乾　陵

乾陵现存华表、翼马、鸵鸟各一对，石马五对，翁仲 10 对，石碑二通。东为无字碑，西为述圣记碑。另外有参加葬仪的各地王宾和使节的仿真像 61 尊。

在唐高宗陵墓碑右前侧，有一块墓碑，上面有郭沫若题写的"唐高宗李治与则天皇帝之墓"12 个大字。

无字碑是用一块完整的巨石雕凿而成。一般认为，武则天立"无字碑"是非常聪明之举，功过是非让后人去评说。

纵观武则天的一生：14 岁入宫为才人，32 岁被封为皇后并开始主政，82 岁被迫退位。前后参与和执掌朝政约 50 年。如果从弘道元年(683 年)高宗去世后算起，武则天独立执政约 21 年。武则天在统治期间，做过一些好事，也做过许多坏事。留下最多的就是她的称号、年号，还有一块争议千年的无字碑。

乾　陵

武则天的称号：

1. 贞观十一年(637年)十一月二十六日，称才人、武媚(14岁)。

2. 永徽五年(654年)三月，称昭仪(31岁)。

3. 永徽六年(655年)十月十九日，称皇后(32岁)。

4. 麟德元年(664年)，高宗视朝，武后垂帘于后，中外称之为“二圣”(41岁)。

5. 咸亨五年、上元元年(674年)八月十五日，称天后(51岁)。

6. 永淳二年、弘道元年(683年)十二月十一日，称皇太后(60岁)。

7. 垂拱四年(688年)五月十八日，称圣母神皇(65岁)。

8. 载初二年、天授元年(690年)九月十二日，群臣上尊号“圣神皇帝”(67岁)。

9. 长寿二年(693年)九月初九，加尊号称“金轮圣神皇帝”(70岁)。

10. 延载元年(694年)五月十一日，称“越古金轮圣神皇帝”(71岁)。

11. 证圣元年、天册万岁元年(695年)正月初一，加号称“慈氏越古金轮圣神皇帝”(72岁)。

12. 证圣元年、天册万岁元年(695年)九月初九，加号称“天册金轮大圣皇帝”(72岁)。

13. 神龙元年(705年)正月二十七日，中宗李显率百官谒帝，上尊号称“则天大圣皇帝”(82岁)。

14. 神龙元年(705年)十一月二十六日，武则天崩于仙居殿，遗诏去帝号，改称“则天大圣皇后”。

15. 神龙二年(706 年)五月十八日,与高宗大帝李治合葬乾陵。谥曰:“则天大圣皇后”。

16. 李旦景云元年(710 年)六月,改“则天大圣皇后”为“天后”;又改“大圣天后”。

17. 延和元年(712 年)八月初五,改称“圣帝天后”。

18. 玄宗(李隆基)天宝八年(749 年)六月十五日,追尊称“则天顺圣皇后”。

年号略。

至此,大唐第五位皇帝——女皇武则天已经盖棺定论。但是,为了历史的完整性,需将大唐王朝的第四位皇帝李显、第六位皇帝李旦,以及宰相张柬之、韦皇后、太平公主、安乐公主、上官婉儿的结局交代清楚,才能全面、完整地展现武则天的形象。因此,本书将一直持续到唐先天二年(713 年)。

第十七章

欲称制韦后鸩君主　谋逆反太平被翦除

【按：武则天的不寻常之处，不仅表现在她生前，即使在她去世以后，她留给后人专权嗜杀、随心所欲、不可一世的形象，在大唐后来几位女人的身上，都得到了深层次的充分体现。】

三思设计害五王

神龙二年(706年)五月十八日，李显将则天大圣皇后武则天安葬于乾陵之后，武三思就指使郑愔控告郎州刺史敬晖、亳州刺史桓彦范、襄州刺史张柬之、郢州刺史袁恕己和均州刺史崔玄玮，与王同皎合谋废掉韦皇后。

六月初六，李显将敬晖贬为崖州司马、桓彦范贬为泷州司马、张柬之贬为新州司马、袁恕己贬为窦州司马、崔玄玮贬为白州司马，一律为员外官①，并长期留任，又削夺他们的封爵。

七月初七，李显立卫王李重俊为太子。太子生性聪明果断，但他的官属都是王公贵族子弟，这些人平常所做的很多事情都是违法。左庶子姚珽屡次进谏，太

① 正式编制以外的官员。

子都不听劝告。

武三思暗地里派人列出韦皇后的龌龊行为，并张贴在东都洛阳的天津桥上，文中还请求皇帝下诏废黜韦皇后。李显得知后勃然大怒，下令御史大夫李承嘉彻底追查此事。

皇后红杏出墙与人私通，从古到今就不是奇闻。查一查历史，现今的不说，仅六朝时期就有郁林王妃何靖英、梁元帝妃徐昭佩、北魏孝文帝皇后冯氏、北齐武成皇后胡氏等，加上本朝皇后武则天，都早已成为经典故事，流传至今。

李承嘉上奏说："天津桥上张贴的文字都是敬晖、桓彦范、张柬之、袁恕己和崔玄暐派人做的，虽然上面所写的只是请求废黜韦皇后，但他们实际上是他们图谋叛逆，请陛下允许将这五个人灭族。"武三思又指使安乐公主在宫中对五人横加诬陷，还指使侍御史郑愔对五人大加弹劾，李显于是下令司法部门将敬晖等五人结案判刑。大理丞[①]、三原[②]人李朝隐上奏说："敬晖等人尚未经过详细审讯，不能急于将他们处死。"大理丞裴谈上奏说："对敬晖等人应当按照陛下的制命处以斩刑，没收财产，不需要再经过详细审讯了。"李显考虑到曾赐给敬晖等人铁券，许诺过不对他们处以死刑，便下令对他们处以长期流放之刑。将敬晖流放琼州[③]、桓彦范流放瀼(ráng)州[④]、张柬之流放泷州[⑤]、袁恕己流放环州[⑥]、崔玄暐流放白州[⑦]，这五人的子弟中凡16岁以上的都流放到岭外。

中书舍人崔湜对武三思说："如果敬晖等人再回到朝中，最终还是会成为祸患，您不如派使者伪称皇帝的圣旨将他们杀掉。"武三思问他谁可以作使者去完成这一使命，崔湜向他推荐了大理正周利用。周利用此前被敬晖等人贬为嘉州司马。武三思于是让周利用代理右台侍御史的职务，奉命出使岭外，而周利用到达岭外时，张柬之和崔玄暐都已在流放途中忧愤而死。周利用在贵州找到桓彦范，便命令手下人将桓彦范捆绑起来，放在竹筏子上拖着走，直到身上的肉被磨掉露出骨头来，这时才将桓彦范用棍杖打死；在抓住敬晖后，便将他剐死；袁恕己

① 法官。
② 今陕西咸阳。
③ 今海南。
④ 今广西上思西南。
⑤ 今广东罗定。
⑥ 今甘肃庆阳环县。
⑦ 今广西博白县。

平素服食丹药，周利用便硬逼着袁恕己喝下有毒的野葛汁，袁恕己喝下后毒性发作难以忍受，疼得他用手扒土，手上的指甲几乎都磨掉了，然后周利用才用棍棒将他活活打死。周利用回朝后，李显提升他为御史中丞。

武三思杀死敬晖、桓彦范、张柬之、袁恕己和崔玄玮这五人之后，权势已经超过皇帝，他常常说："我不知道世上什么样的人是善人，什么样的人是恶人，我只知道对我好的就是善人，对我不好的就是恶人。"

安乐公主倚仗着父皇的宠爱骄横放纵，卖官鬻爵，贪赃枉法，权势超过朝廷内外的人，甚至自己起草制书敕令，将内容盖住后让父皇在下面签名。李显笑着为她签字，竟连敕文的内容都不看。安乐公主请求李显将她立为皇太女[①]，李显虽然没有照她说的去做，却也没有责怪她。

景龙元年(707 年)二月十七日，李显派遣武攸暨、武三思到乾陵求雨。时间不长就下起了雨，李显十分高兴，便发布制命恢复武氏的崇恩庙和昊陵[②]、顺陵[③]。

六月。韦皇后因太子李重俊[④]不是她亲生的，所以很讨厌他。武三思尤其忌恨李重俊。上官婕妤因为与武三思私通，在她所拟定的制书敕令中，常常推崇武氏集团。安乐公主与驸马、左卫将军武崇训经常欺凌侮辱李重俊，甚至有时称他为奴才。武崇训还唆使安乐公主向李显建议废掉太子。太子心中积愤已久，无法排解。

七月初六，太子李重俊会同左羽林大将军李多祚、将军李思冲、李承况、独孤讳之、沙吒忠义等人，假传皇帝李显的命令调集羽林千骑兵 300 余人，将武三思、武崇训父子及其亲属十余人杀死在武三思家中；又让左金吾大将军、成王李千里和他的儿子、天水王李禧分头带兵把守宫城各门，李重俊和李多祚带领兵马从肃章门冲入宫中，四处登门搜寻上官婕妤。李显与韦皇后、安乐公主、上官婕妤一起登上玄武门门楼躲避。同时派右羽林大将军刘景仁率领羽林飞骑 100 多人聚集在门楼之下护驾。杨再思、苏瑰、李峤与兵部尚书宗楚客、左卫将军纪处讷拥兵 2000 余人聚集在太极殿前闭门坚守。李多祚率先来到玄武门楼下，想要上

---

① 与皇太子、皇太孙、皇太叔相同，都是皇帝继承人的封号。

② 武则天父亲陵墓。

③ 武则天母亲陵墓。

④ 李显第三子。

楼，但受到拦阻。李多祚和李重俊都有些犹豫不决，勒住兵马，没有立即攻打玄武门，而是希望李显能出来询问他们起兵的原因。宫闱令杨思勖站在李显身旁，请求皇帝允许他带兵出击。李显手扶玄武楼上的栏杆，俯身对楼下李多祚所带领的千骑兵们说："你们这些人都是朕的卫士，为什么要跟着李多祚谋反呢！如果你们能杀掉谋反的人，不必担心没有荣华富贵。"于是千骑兵们将李多祚、李承况、独孤祎之、沙咤忠义斩首，其他的人都四散溃逃。李千里、李禧父子攻打太极宫右延明门，打算杀死宗楚客和纪处讷，但未能攻下反而战死。太子李重俊带着100多骑兵逃往终南山，到达西鄂县[①]在树林里歇息时，被手下人杀死。李显将李重俊的首级献到太庙，然后又用来祭奠武三思和武崇训，最后在朝堂悬首示众。此外，李显又将李千里的姓改为蝮氏，李重俊的同党都被处以死刑。

韦后作祟害夫君

景龙二年(708年)二月二十七日，宫中有人说韦皇后藏衣服的竹箱上有五色祥云升起，李显便派人画下来给文武百官看。韦巨源请求将此事向全国公布，李显表示同意。

景云元年(710年)五月十七日，许州司兵参军燕钦融进言道："皇后淫乱，干预朝廷政事，并且其宗族势力强盛；安乐公主、武延秀、宗楚客阴谋危害大唐的宗庙社稷。"李显召见燕钦融当面追问他。燕钦融以头叩地高声而言，神色毫不屈服，李显默然不语。宗楚客伪造李显制命，派侍卫天子的飞骑扑杀燕钦融。将燕钦融摔在宫殿堂前面的石地上，燕钦融折断了脖子死去，宗楚客见状大声叫好。李显对于此事虽然没有深究，但心里却也是怏怏不乐。自此，韦皇后和她的党羽们开始有些担忧害怕。

这时，散骑常侍马秦客靠精于医术，光禄少卿杨均靠善于烹调，都得以随意出入后宫，并与韦皇后勾搭成奸，他们担心此事泄露出去会被处死；安乐公主希望韦皇后能临朝主持政事，自己好当皇太女；于是这些人共同策划杀掉皇帝，他们在李显吃的糕饼里投放了毒药。六月初二，李显在神龙殿驾崩，终年55岁。

---

① 今河南南召。

唐隆政变除韦后

李显死后，韦皇后密不发丧，自己总揽了朝廷的大小事务。初三，韦皇后将诸位宰相召进宫中，又调集各府兵共 50 000 人驻扎在长安城中，指派驸马都尉韦捷、韦灌、卫尉卿韦璿、左千牛中郎将韦锜、长安令韦播、郎将高嵩分头统领这些兵马。又命令中书舍人韦元徼负责巡察城中六街，还命令左监门大将军兼内侍薛思简等人带领 500 名士兵迅速前往均州戍守，以防范均州刺史谯王李重福。韦皇后任命刑部尚书裴谈、工部尚书张锡为同中书门下三品，让他们仍然担任东都留守。韦皇后又任命吏部尚书张嘉福、中书侍郎岑羲、吏部侍郎崔湜为同平章事。

太平公主与李显的昭容上官婉儿商议起草李显遗诏，立温王李重茂为太子，由韦皇后主持政事，相王李旦参谋政事。

初四，韦皇后将李显的灵柩迁到太极殿，召集文武百官宣布李显驾崩，并宣布由她自己临朝摄政，大赦天下囚徒，改年号为唐隆。

初七，年仅 16 岁的少帝李重茂[①]即位。尊韦皇后为皇太后。

宗楚客伙同太常卿武延秀、司农卿赵履温、国子祭酒叶静能以及韦家诸人一同劝说皇太后韦氏沿用武则天的惯例登基称帝。当时守卫宫城的南北禁卫军以及地位重要的尚书省诸司，都已经被韦氏子弟所控制，他们大量网罗党羽，在朝廷内外互相勾结。宗楚客又秘密地上书皇太后韦氏，引用图谶来说明韦氏理当取代大唐朝而君临天下。宗楚客还打算害死少帝李重茂，只是担心李旦与太平公主会从中作梗，于是与韦温和安乐公主密谋除掉他们。

相王李旦的儿子临淄王李隆基，在此之前已被免去潞州别驾的职务，他在京师私下招集智勇双全之士，谋划匡复大唐社稷。

兵部侍郎崔日用一向依附韦皇后及武氏集团，与宗楚客交情也很好，他得知宗楚客的阴谋以后，担心自己会因此遇到祸灾，便派宝昌寺僧人普润秘密地去向李隆基报告，并劝李隆基尽快发难。李隆基于是与太平公主及其子卫尉卿薛崇

---

① 李显幼子，生母不详。

简[1]、西京苑总监钟绍京、尚衣奉御王崇晔、前任朝邑尉刘幽求、利仁府折冲麻嗣宗等人策划先行举兵发难，铲除韦氏集团。韦播、高嵩两人为了树立自己的威严，多次鞭打万骑兵，从而引起万骑兵对他们的普遍怨恨。果毅葛福顺和陈玄礼向李隆基诉说此事，李隆基暗示他们应当诛除韦后集团，两人听后都精神振奋地表示愿效死力。万骑果毅李仙凫也参与了具体谋划。有人建议李隆基应当把这件事告诉父王李旦，李隆基回答说："我们这些人是为了大唐的江山社稷才干这种事的，事成之后福分归于相王，万一事情失败了我们为宗庙牺牲也就罢了，不必因此连累父王。如果告诉了他，他同意这样做，就等于他也参与了这极为危险的事；若是他不同意这样做，那就只会坏了大事。"于是李隆基没将此事告诉父王。

二十日下午，李隆基身穿便服与刘幽求等人进入禁苑之中，到钟绍京的住所集合。等到夜色降临之际，葛福顺和李仙凫都来到李隆基处，求问起事的信号以便行事。将近二更时，葛福顺拔剑直闯羽林营，将韦璿、韦播、高嵩三人斩首示众，高声喝道："韦后毒死先帝，谋危社稷，今晚大家要齐心协力，铲除韦后家人及其死党；拥立相王李旦为皇帝以安定天下。葛福顺将韦璿等人的首级送给李隆基，李隆基在灯下看过之后，便与刘幽求等人一同走出禁苑南门。李隆基率兵守在玄武门外。三更时分，李隆基听到宫中鼓噪声后，即率领总监及羽林兵进入宫中。韦皇后惶惑中逃入飞骑营中，有一个飞骑兵将韦皇后斩首，并将首级献给李隆基。此时，安乐公主还对着镜子描画眉毛，被士兵斩杀。此外还将武延秀斩首于肃章门外，将内将军贺娄氏斩首于太极殿西。

韦皇后、安乐公主被杀后，头颅被悬挂在东市示众。李隆基的这一举动，史称"唐隆政变"。

之后，李隆基骑马去谒见父王李旦，为没有事先报告请示而道歉。李旦当即抱住李隆基哭着说："国家祸难，由你安定，神灵万民，都幸赖你的功劳。"次日，李旦敕命收敛韦皇后尸体，追贬为庶人；安乐公主追贬为悖逆庶人。

韦皇后的很多做法，酷似当年的武则天。韦皇后不仅与武三思、马秦客、杨均等人淫乱，甚至还和自己的女婿武延秀淫乱。唯一不同的是，武则天是在当皇帝的丈夫去世以后才开始淫乱；韦皇后则是在当皇帝的丈夫尚在世就开始淫乱。

---

① 薛绍之子。

史书说：韦皇后亲身遭受婆母武后之难，却又亲自重蹈覆辙，真是所谓痴心不改哪！

在李隆基率军进入宫中时，上官婉儿手执灯笼率领宫人迎接，并把她起草的中宗李显遗诏的底稿拿给刘幽求看。刘幽求为她向李隆基求情，李隆基没有答应，下令将上官婉儿在旗下斩首。上官婉儿曾被武则天倚为心腹。一次，上官婉儿冒犯了武则天，武则天用金刀刺伤了她的额头。于是上官婉儿常以花钿饰之，宫女皆以为美，称为“红梅妆”。

太平谋叛被赐死

六月二十三日，太平公主传达少帝李重茂的旨意，要求将皇位让给相王李旦，李旦坚决推辞不接受。

刘幽求对李成器、李隆基说：“相王以前就曾当过皇帝，是万民所向往的。现在民心尚未安定，皇室国家之事至为重要，相王怎能还拘于小节，不早日登基称帝以安定天下呢！”李隆基回答说：“相王生性淡泊，从来不把世事放在心上，即使他已经君临天下，还要把帝位让给别人，何况当今天子乃相王亲哥哥的儿子，他又怎么肯取而代之呢！”刘幽求说：“民心不可违背，相王虽想高居世外独善其身，但大唐的宗庙社稷又怎么办呢！”于是李成器和李隆基入内拜见相王李旦，尽力劝说，李旦才答应重登帝位。李重茂下制书将帝位传给相王李旦。二十四日，李旦重登帝位。并亲临承天门，下诏赦免天下罪囚，同时又恢复了少帝李重茂的温王爵位。

二十七日，李旦将李隆基立为太子。李隆基又上表请求将太子之位让给李成器，李旦没有同意。

皇帝李旦下诏恢复则天大圣皇后的旧号为天后，追谥雍王李贤为章怀太子。二十九日，李旦将太平公主的封户增加到10 000。

李显时期，韦皇后和安乐公主都惧怕太平公主，后来太平公主又和太子李隆基一起铲除了韦氏集团。太平公主屡立大功后，权势地位更加显赫重要，李旦经常同她商量朝廷的大政方针，每次她入朝奏事，都要和李旦坐在一起谈上一段时间；有时她没去上朝谒见，李旦会派宰相到她的家中征求她对某些问题的处理意见。每当宰相们奏事的时候，李旦就要询问：“这件事与太平公主商量过吗？”接下来还要问："与三郎商量过吗？"在得到宰相们肯定的答复之后，李旦才会对宰相们的意见表示同意。三郎指的是皇太子李隆基。凡是太平公主想干的事，李旦没有不同意的，朝中文武百官自宰相以下，或升迁或降免，全在太平公主的一句话，其余经过她的举荐而平步青云担任要职的士人更是不可胜数。太平公主的儿子薛崇行、薛崇敏、薛崇简三人都受封为王。田产园林遍布于长安城郊外各地，她家在日常衣食住行的各个方面，也处处模仿宫廷的排场。

太平公主认为李隆基还很年轻，因而并未把太子放在心上。不久又因惧怕李隆基的英明威武，转而想要改立一位昏庸懦弱的人作太子，以便使她自己能长期保住现有的权势地位。太平公主屡次散布流言，声称"太子并非皇帝的嫡长子，不应被立为太子。"十月二十二日，李旦颁下制书晓谕天下臣民，以平息各种流言蜚语。太平公主还常常派人监视李隆基的所作所为，即使一些细微之事也要报知李旦，这让李隆基感到十分不安。

景云二年(711 年)正月十九日，太平公主同益州长史窦怀贞等结成朋党，想加害于太子，还指使自己的女婿唐晙邀请韦安石到自己家来，韦安石坚决推辞，没有前往。李旦曾经秘密地召见韦安石，对他说："听说朝廷文武百官全都倾心归附太子，您应当对此多加留意。"韦安石回答说："陛下从哪里听到这种亡国之言呢！这一定是太平公主的主意。太子为宗庙社稷立下了大功，而且一向仁慈明智，孝顺父母，友爱兄弟，这是天下人都知道的事实，希望陛下不要被谗言所迷惑。"李旦这才明白。当时太平公主正在帘子后面偷听他们君臣之间的谈话，事后便散布各种流言蜚语对韦安石横加陷害，想把他逮捕下狱严加审讯，多亏了郭元振的救助才得以幸免。

太平公主还曾乘辇车在光范门内拦住宰相，暗示他们应当改立皇太子，在场的宰相们全都大惊失色。宋璟大声质问道："太子为大唐社稷立下了莫大的功劳，是宗庙社稷的主人，公主为什么突然提出这样的建议呢！"

景云三年、先天元年(712 年)七月二十五日，皇帝李旦颁发制命，决定将帝位传给太子李隆基，李隆基上表坚决推辞。这时太平公主劝说李旦，最好在禅让之后，还亲自执掌朝政大事。于是李旦对李隆基说："你是不是觉得国家事务十分繁重，要让朕帮你处理一些事务呢？想当初唐尧将帝位禅让给虞舜后，还要亲自到各地去巡视，现在朕虽然将帝位传给了你，哪里就能对家国之事漠不关心呢！此后凡有军国大事，朕还是会参与处理的。"

八月初三，太子李隆基即皇帝位，时年 28 岁，是为唐玄宗，将李旦尊奉为太上皇。初七，李隆基大赦天下，改年号为先天。

先天二年、开元元年(713 年)六月，太平公主倚仗太上皇李旦的势力专擅朝政，与李隆基发生尖锐的冲突。当时朝中七位宰相之中，有五位是出自太平公主的门下，文臣武将之中也有一半以上的人依附于太平公主。

太平公主与窦怀贞、岑羲、萧至忠、崔湜以及太子少保薛稷、雍州长史新兴王李晋、左羽林大将军常元楷、知右羽林将军事李慈、左金吾将军李钦、中书舍人李猷、右散骑常侍贾膺福、鸿胪寺卿唐晙和胡僧慧范等一起图谋废掉李隆基。此外，太平公主又与宫女元氏合谋，准备在进献给李隆基服用的天麻粉中投毒。常元楷和李慈多次前往太平公主的宅第与她订下作乱的计谋。

七月，魏知古告发太平公主计划在本月初四发动叛乱，指使常元楷、李慈率领羽林军突入武德殿劫持皇帝李隆基，另派窦怀贞、萧至忠、岑羲等人在南牙举兵响应。李隆基于是与岐王李范[①]、薛王李业[②]、郭元振以及龙武将军王毛仲、殿中少监姜皎、太仆少卿李令问、尚乘奉御王守一、内给事高力士、果毅李守德等人定计率先下手诛除太平公主集团。

初三，李隆基调用禁兵 300 余人，从武德殿进入虔化门，召见常元楷和李慈两人先将他们斩首，然后在内客省逮捕了贾膺福和李猷，又在朝堂上逮捕了萧至忠和岑羲，下令将上述四人一起斩首。窦怀贞逃入城壕之中自缢而死，李隆基下令斩戮他的尸体，并将他的姓改为毒氏。太上皇李旦听到事变发生的消息后，登上了承天门的门楼。郭元振上奏太上皇李旦说："皇帝只是奉太上皇诰命诛杀窦怀贞等奸臣逆党，并没有发生什么其他的事。"太上皇李旦于是颁发诰命，列举窦怀贞等人的罪状，大赦天下，逆臣的亲属党羽不在赦免之列。

太平公主逃入山中的寺庙里，三天以后才出来，被李隆基下诏赐死在家中，太平公主的儿子以及党羽被处死的有数十人。薛崇简因为平日屡次谏阻太平公主而受到责打，所以破例免于死刑，李隆基将他赐姓为李氏，并准许他留任原职。李隆基还下令将太平公主的所有财产没收充公，在抄家时发现太平公主家中的财物堆积如山，珍宝器玩可以与皇家府库收藏的媲美，厩中牧养的羊和马、拥有

---

① 又名李隆范。

② 又名李隆业。

的田地园林非常之多，放债应得的利息，几年也收不完。

太平公主是李治和武则天最小的女儿，所以特别受恩宠。20多年来，天下只有太平公主一位公主，父亲是皇帝，母亲是皇后，丈夫为亲王，儿子为郡王，因此骄奢淫逸。

太平公主与薛绍育有二男二女；与武攸暨育有二男一女，都享有实封。当时太平、长宁、安乐三位公主，待遇和亲王一样。儿子薛崇简、薛崇敏、武崇行，都拜授三品官职。

太平公主被赐死的这年，距武则天去世已近八年。在这八年中武则天阴魂不散，无时不在影响着后宫的几位女人。林语堂先生这样说武则天："她死了，她所作的恶却遗留于身后。"

唐玄宗李隆基

武则天死后，韦皇后、太平公主，甚至安乐公主，一直将武则天当作偶像来崇拜和仿效，都想过一把当女皇帝的瘾。其中太平公主权倾朝野，被称为"几乎拥有天下"；韦皇后已经成为太后，"临朝称制"安乐公主也险些当上"皇太女"，她们都为争当第二个女皇付出了惨痛的代价。然而，她们的失败同武则天的成功一样，都是特定历史条件下的必然产物，仅凭效仿不会成功。

太平公主的死，宣告了武则天以来后宫女人干预朝政的结束。然而，历史有太多的惊人之处，由于武则天极度专制和高压恐怖的政治气氛所引发的种种社会现象，一直波及到大唐以后的宋、元、明、清，乃至今天的社会。稍加观察，隐约中都可以见到其散落的影子。从唐代的朱前疑的"闻嵩山呼万岁"，到宋代的"溜须"，再到元代的"拍马"；从武周的酷吏来俊臣，到明代的奸臣严嵩；从则天皇后到慈禧太后，一代一代层出不穷。

先天二年、开元元年(713年)十二月初一，李隆基下诏大赦天下，改年号为开元。

第十八章

评功过正史无定论　说褒贬野史有纷争

唐朝以来，世人对武则天的评价褒贬不一，分歧甚大。试辑录古今有关评价如下，以供读者参阅。

——(唐)李白《上云乐》:“中国有七圣”武则天仍是其一。

——(后晋)刘昫等《旧唐书》:“祸国妖女一变脸，强迫太子到别殿，为什么啊上天，降生这个鬼怪？篡夺帝位，玷污皇宫，妖女却好好地活到老，这是上天降下的什么鉴戒啊！”

——(北宋)司马光《资治通鉴》:“(武则天)政由己出，明察善断，故当时英贤亦竞为之用”。

——(南宋)李焘《续资治通鉴长编》(卷七)宋太祖赵匡胤:“则天，一女主耳，虽刑罚枉滥，而终不杀狄仁杰，所以能享国者，良由此也。”

——(南宋)洪迈《容斋续笔》(卷五):“汉之武帝，唐之武后，不可谓不明，而巫蛊之祸，罗织之狱，天下涂炭，后妃公卿，交臂就戮，后世闻二武之名，则憎恶之。”

——(明)李贽《藏书李责绩》:“试观近古之王，有知人如武氏者乎？亦有专以爱养人才为心，安民为念如武氏者乎?”

——(清)赵翼《陔余丛考》(卷四十一):“武后之严刑滥杀，纵周兴、来俊臣等荼毒善类，固古今未有之凶暴。”

——毛泽东:“我看过一些野史,把她写得荒淫得很,恐怕值得商量,武则天确实是个治国之才,她既有容人之量,又有识人之智,还有用人之术。她提拔过不少人,也杀了不少人。刚刚提拔又杀了的也不少。”

——郭沫若:“政启开元治宏贞观,芳流剑阁光被利州。”

——宋庆龄:“武则天是中国历史上唯一的女皇帝,封建时代杰出的女政治家。”

又:“但就家庭角色而言,不难看出武则天也是个好妻子。”

——林语堂《武则天传》(序):“武则天这个女人是古今少有。与其他高贵的女人是不易相比的。既不是埃及艳后克丽拉,也不是俄罗斯凯萨琳女皇。她一部分像英国伊丽莎白女皇,一部分像法国亨利二世的皇后凯萨琳·德·美第奇。她有那位英国女皇的精力,有法国皇后的残忍。……她粉碎的传统,创始的改革,引起的紊乱,超过历史上任何阴谋险诈的男人。”

又:“武则天是一个顽强任性野心极大而又非常聪明的女人。中国历史上,也可以说世界历史上,女人从未做过的事,她做出来了。”

——林语堂《武则天正传》:“武后在富贵豪华的软禁之中死去……中国历史上这个最骄奢淫逸,最虚荣自私,最刚愎自用,名声坏到极点的皇后的一生,就这样结束了。她死了,她所作的恶却遗留于身后。”

——翦伯赞《中国通史纲要》:“武则天的打击门伐贵族和提拔普通地主做官的政策,是符合当时社会发展趋势的,因此,它的作用也是积极的。”

正是:止戈太后野心狂,贝刃无情杀戮忙。夫不出头自称帝,如今闲聊说女皇。

【按:止戈,武;贝刃,则;夫不出头,天。闲聊女皇武则天。】

最后摘录隋文帝杨坚的一首《宴秦孝王于并州作诗》为结语。其诗云:

红颜讵几,玉貌须臾。一朝花落,白发难除。明年后岁,谁有谁无。

主要参考书目

1. (西汉)刘向:《列仙传·王子乔》
2. (后晋)刘昫:《旧唐书》
3. (唐)魏徵:《隋书》(卷二十二《诗纪》百二十)
4. (唐)武则天:《臣轨》
5. (唐)吴兢:《贞观政要》
6. (唐)张鷟:《朝野佥载》
7. (唐)玄奘译、辩机撰:《大唐西域记》
8. (唐)李延寿:《北史·列传第二》
9. (唐)封演:《封氏闻见记》
10. (唐)刘肃:《大唐新语》
11. (唐)孟棨:《本事诗》
12. (唐)魏徵寿:《隋书》
13. (唐)刘悚:《隋唐嘉话》
14. (唐)胡璩:《谭宾录》
15. (唐)李绰:《尚书故实》
16. (唐)李玫、袁郊:《甘泽谣》
17. (唐)戴孚:《广异记》
18. (唐)武平一:《景龙文馆记》
19. (五代)王仁裕:《开元天宝遗事》
20. (北宋)王钦若等:《册府元龟》
21. (北宋)李昉等:《太平广记》
22. (北宋)欧阳修、宋祁等:《新唐书》

23. (北宋)司马光:《资治通鉴》
24. (北宋)王溥:《唐会要》
25. (南宋)李焘:《续资治通鉴长编》
26. (南宋)洪迈:《容斋续笔》(卷五)
27. (明)李贽:《藏书》(李责绩)、《续藏书》
28. (清)王夫之:《读通鉴论》(卷二十一)
29. (清)董诰等:《全唐文》
30. (清)如莲居士:《薛刚反唐》
31. (清)陆心源:《唐文续拾》十六卷
32. (清)王闿运:《湘绮楼日记》
33. (清)张聪贤修:《(嘉庆)长安县志》
34. (清)蔡东藩:《唐史演义》
35. 林语堂:《武则天正传》、《武则天传》(序)
36. 盛巽昌:《毛泽东这样学习历史这样评点历史》

附一　唐朝前六位皇帝简表

庙　号	谥　号	姓　名	年　号	起讫时间
高祖	神尧大圣大光孝皇帝 （初谥大武皇帝） （曾谥神尧皇帝） （光皇帝）	李渊 566～635 年	武德（9 年）	618 年五月 ～626 年
太宗	文武大圣大广孝皇帝 （初谥文皇帝） （曾谥文武圣皇帝） （广皇帝）	李世民 599～649 年	贞观（23 年）	627～649 年
高宗	天皇大圣大弘孝皇帝 （初谥天皇大帝） （弘皇帝）	李治 628～683 年	永徽（6 年） 显庆（6 年） 龙朔（3 年） 麟德（2 年） 乾封（3 年） 总章（3 年） 咸亨（5 年） 上元（3 年） 仪凤（4 年） 调露（2 年） 永隆（2 年） 开耀（2 年） 永淳（2 年） 弘道（1 年）	650～655 年 656～661 年 661～663 年 664～665 年 666～668 年 668～670 年 670～674 年 674～676 年 676～679 年 679～680 年 680～681 年 681～682 年 682～683 年 683 年

（续表）

庙　号	谥　号	姓　名	年　号	起讫时间
中宗	大和大圣大昭孝皇帝 （初谥孝和皇帝） （昭皇帝）	李显 656～710 年	皇嗣（2 个月）	684 年正月～ 684 年二月
睿宗	玄真大圣大兴皇帝 （初谥大圣真皇帝）	李旦 662～716 年	文明（唐、周） （7 个月）	684 年二月～ 684 年九月
			光宅（武则天的第一个年号）（唐、周） （4 个月）	684 年九月～ 十二月
			垂拱（唐、周）（4 年）	685～688 年
			永昌（周）（11 个月）	689～690 年
			载初（周）（9 个月）	690～690 年
无	则天顺圣皇后 （则天大圣皇帝）	武曌 624～705 年	天授（周）（2 年 6 个月）	690～692 年
			如意（周）（6 个月）	692～692 年
			长寿（周）（3 年）	692～694 年
			延载（周）（8 个月）	694～694 年
			证圣（周）（9 个月）	695～695 年
			天册万岁（周）（3 个月）	695～695 年
			万岁登封（周）（4 个月）	696～696 年
			万岁通天（周）（2 年）	696～697 年
			神功（周）（4 个月）	697～697 年
			圣历（周）（2 年 5 个月）	698～700 年
			久视（周）（7 个月）	700～701 年
			大足（周）（10 个月）	701～701 年
			长安（周）（4 年）	701～704 年
			神龙（唐）（3 年）	705 年正月～ 707 年九月
中宗	（同前）	李显	景龙（4 年）	707 年九月～ 710 年六月

（续表）

庙　号	谥　号	姓　名	年　号	起讫时间
睿宗	（同前）	李旦	景云（3 年）	710 年七月～（712 年）正月
			太极（1 年）	712 年正月～四月
			延和（1 年）	712 年五月～八月

附二 《代李敬业讨武氏檄》

（骆宾王）

伪临朝武氏者，人非温顺，地实寒微。昔充太宗下陈，尝以更衣入侍。洎（jì）乎晚节，秽乱春宫。密隐先帝之私，阴图后庭之嬖。入门见嫉，蛾眉不肯让人；掩袖工谗，狐媚偏能惑主。践元后于翚（huī）翟，陷吾君于聚麀（yōu）。加以虺蜴为心，豺狼成性。近狎邪僻，残害忠良；杀子屠兄，弑君鸩母。人神之所共疾，天地之所不容。犹复包藏祸心，窥窃神器。君之爱子，幽之于别宫；贼之宗盟，委之以重任。呜呼！霍子孟之不作，朱虚侯之已亡。燕啄皇孙，知汉祚之将尽。龙漦（chí）帝后，识夏庭之遽衰。

敬业皇唐旧臣，公侯冢子。奉先帝之遗训，荷本朝之厚恩。宋微子之兴悲，良有以也；袁君山之流涕，岂徒然哉！是用气愤风云，志安社稷。因天下之失望，顺宇内之推心，爰举义旗，誓清妖孽。南连百越，北尽三河，铁骑成群，玉轴相接。海陵红粟，仓储之积靡穷；江浦黄旗，匡复之功何远？班声动而北风起，剑气冲而南斗平。喑呜则山岳崩颓，叱咤则风云变色。以此制敌，何敌不摧！以此攻城，何城不克！

公等或家传汉爵，或地协周亲，或膺重寄于爪牙，或受顾命于宣室。言犹在耳，忠岂忘心！一抔之土未干，六尺之孤何托？倘能转祸为福，送往事居，共立勤王之勋，无废旧君之命，凡诸爵赏，同指山河。若其眷恋穷城，徘徊歧路，坐昧先几之兆，必贻后至之诛。请看今日之域中，竟是谁家之天下！移檄州郡，咸使知闻。

《代李敬业讨武氏檄》译文：

这个非法把持朝政的武氏，不是一个温和善良之辈，而且出身卑下。当初是太宗皇帝的姬妾，曾因更衣的机会而得以侍奉左右。到后来，不顾伦常与太子[①]关系暧昧。隐瞒先帝曾对她的宠幸，谋求取得在宫中专宠的地位。选入宫里的妃嫔美女都遭到她的嫉妒，一个都不放过；她偏偏善于卖弄风情，像狐狸精那样

① 唐高宗李治。

迷住了皇上。终于穿着华丽的礼服，登上皇后的宝座，把君王推到乱伦的丑恶境地。加上一副毒蛇般的心肠，凶残成性，亲近奸佞，残害忠良，杀戮兄姊，谋杀君王，毒死母亲。这种人为天神凡人所痛恨，为天地所不容。她还包藏祸心，图谋夺取帝位。皇上的爱子，被幽禁在冷宫里；而她的亲属党羽，却委派以重要的职位。呜呼！霍光这样忠贞的重臣，再也不见出现；刘章那样强悍的宗室也已消亡了。"燕啄皇孙"歌谣的出现，人们知道汉朝的皇统将要穷尽；孽龙的口水流淌在帝王的宫廷里，标志着夏后氏王朝[①]快要衰亡。

我李敬业是大唐的老臣下，是王公贵族的长子，奉行的是先帝留下的训示，承受着本朝的优厚恩典。宋微子[②]为故国的覆灭而悲哀，确实是有他的原因的；桓谭[③]为失去爵禄而流泪，难道是毫无道理的吗！因此我愤然而起来干一番事业，目的是为了安定大唐的江山。依随着天下的失望情绪，顺应着举国推仰的心愿，于是高举正义之旗，发誓要消除害人的妖物。南至偏远的百越[④]，北到中原的三河[⑤]，铁骑成群，战车相连。海陵的粟米多得发酵变红，仓库里的储存真是无穷无尽；大江之滨旌旗飘扬，光复大唐的伟大功业还会是遥远的吗！战马在北风中嘶鸣，宝剑之气直冲向天上的星斗。战士的怒吼使得山岳崩塌，云天变色。拿这来对付敌人，有什么敌人不能打垮；拿这来攻击城市，有什么城市不能占领！

诸位或者是世代蒙受国家的封爵，或者是皇室的姻亲，或者是负有重任的将军，或者是接受先帝遗命的大臣。先帝的话音好像还在耳边，你们的忠诚怎能忘却？先帝的坟土尚未干透，我们的幼主却不知被贬到哪里去了！如果能转变当前的祸难成为福祉，好好地送走死去的旧主和服事当今的皇上，共同建立匡救王室的功勋，不至于废弃先皇的遗命，那么各种封爵赏赐，一定如同泰山黄河那般牢固长久。如果留恋目前的既得利益，在关键时刻犹疑不决，看不清事先的征兆，就一定会招致严厉的惩罚。

请看明白今天的世界，到底是哪家的天下。这道檄文颁布到各州郡，让大家都知晓。

---

① 夏王朝。

② 周代宋国始祖。

③ 东汉议郎给事中。

④ 古代南方越人的总称。

⑤ 今河北三河。

附三　武则天家族关系简表(一至三)

武则天家族关系简表(一)

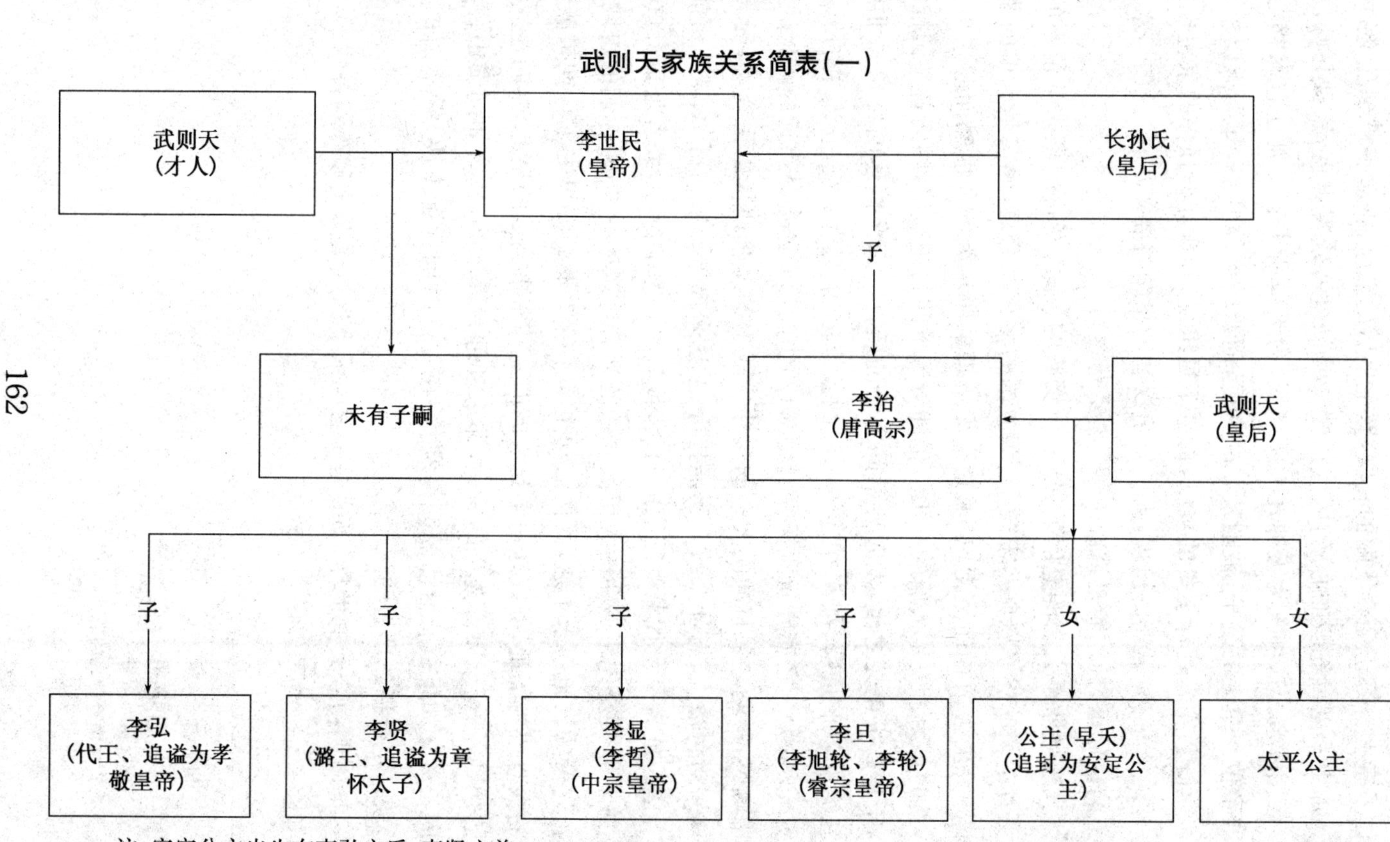

注:安定公主出生在李弘之后,李贤之前。

武则天家族关系简表(二)

显祖
武华
(四子)
武士稜
武君雅
楚僖王
武士让
九州郡王
武弘度
(武怀运)
建昌王
武攸宁
九江王
武攸归
恒安王
武攸止
会稽王
武攸望
建安郡王
武惟良
(武怀良)
建安王
武攸宜
安平王
武攸绪
定忠简王
武攸暨
武怀道
武怀亮
蜀节王
武士逸
库都郎中
武志元
河内王
武懿宗
临川王
武嗣宗
河间郡王
武仁范
武尚宾
高平郡王
武重规
颖川王
武载德
武求己
武安业
太祖
武士彟
(见简表三)

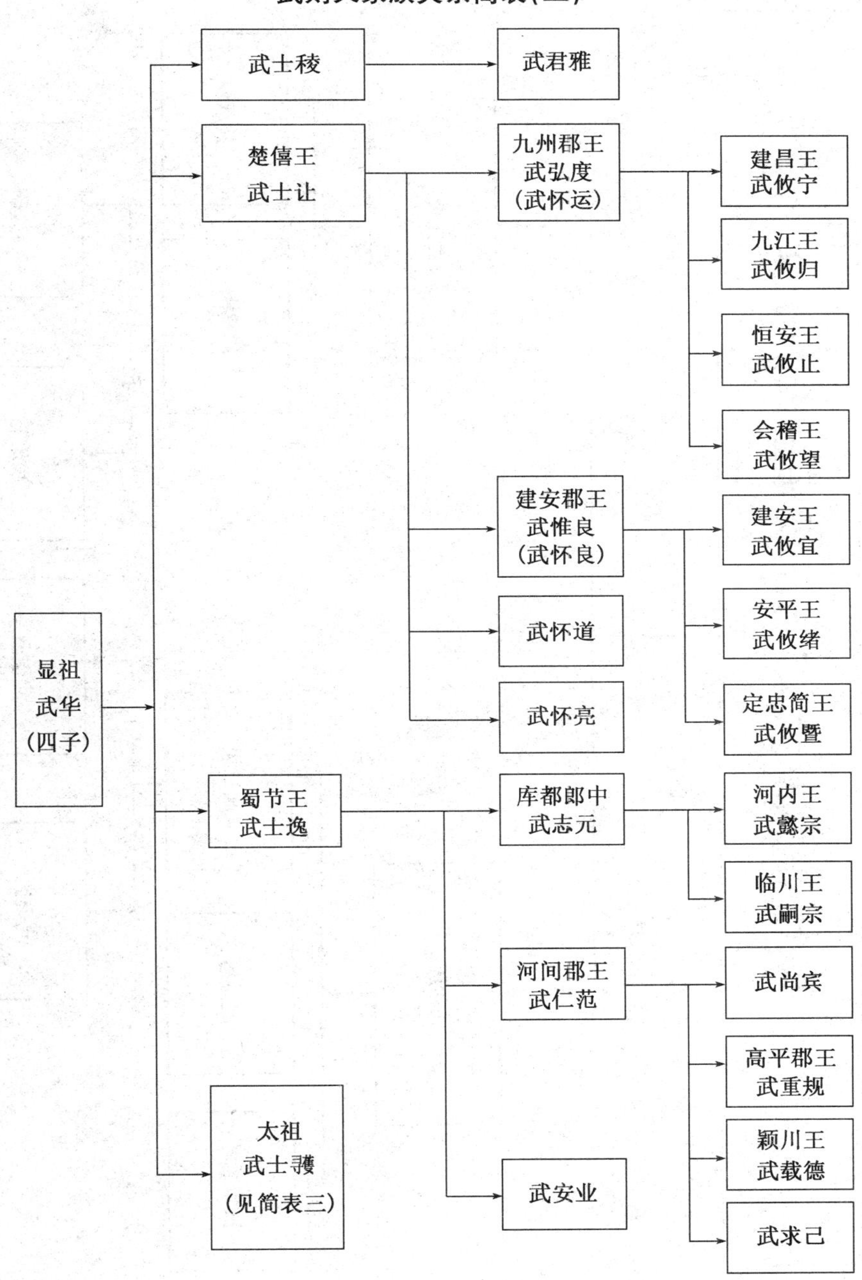

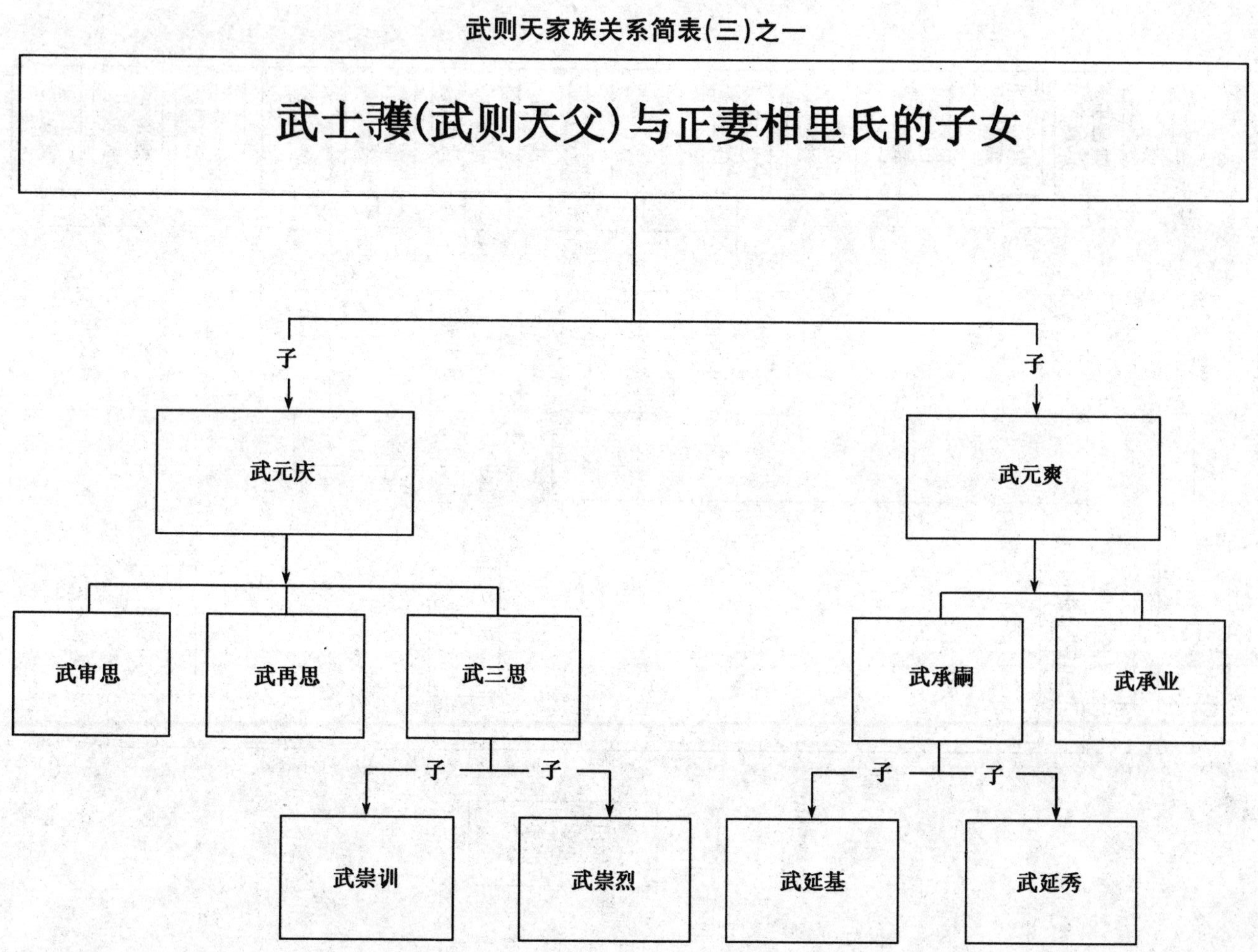
武则天家族关系简表(三)之一
武士彠(武则天父)与正妻相里氏的子女
子
武元庆
子
武元爽
武审思
武再思
武三思
武承嗣
武承业
子
子
子
子
武崇训
武崇烈
武延基
武延秀

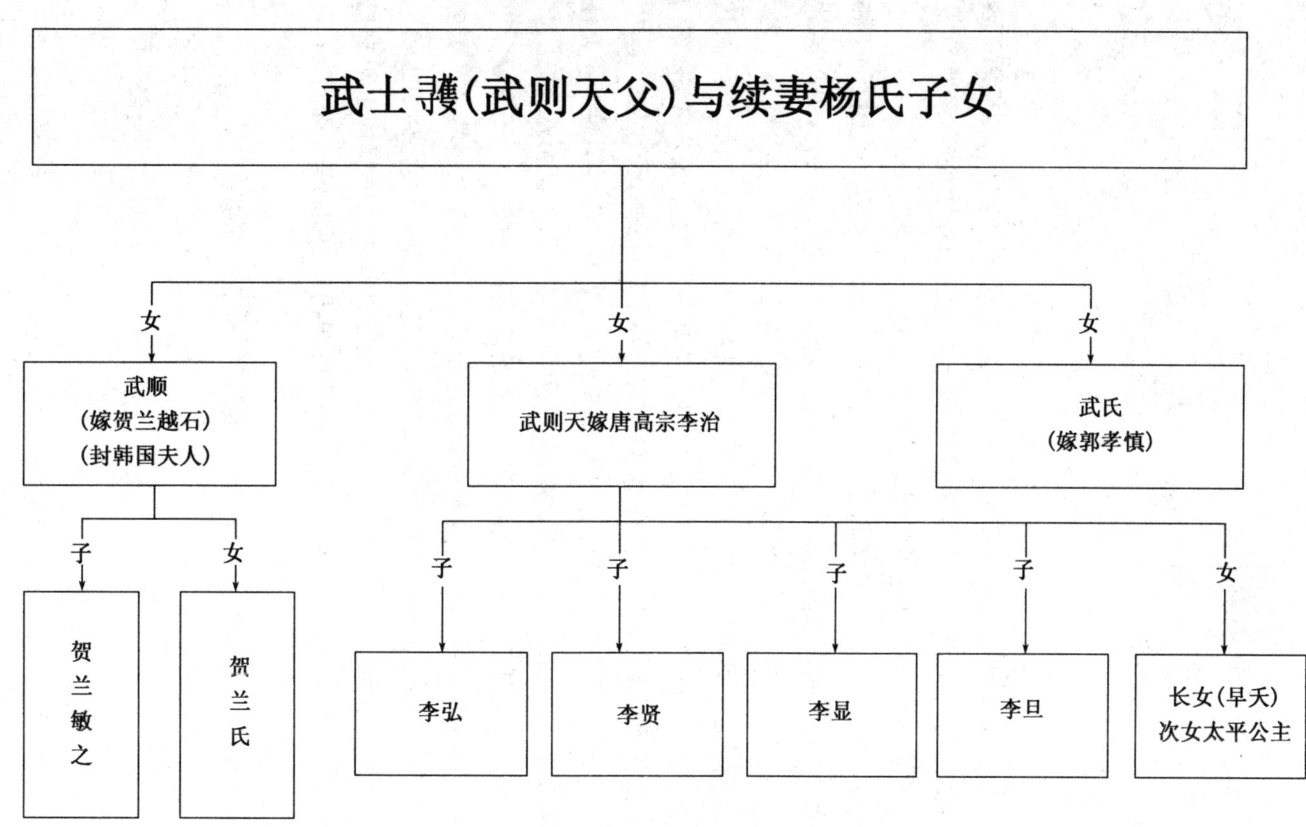
武则天家族关系简表(三)之二
武士彟(武则天父)与续妻杨氏子女
女
女
女
武顺
(嫁贺兰越石)
(封韩国夫人)
武则天嫁唐高宗李治
武氏
(嫁郭孝慎)
子
女
子
子
子
子
女
贺兰敏之
贺兰氏
李弘
李贤
李显
李旦
长女(早夭)
次女太平公主

后　记

写完《闲聊女皇武则天》，不由地想到，像武则天这样一个极其专权而又残忍的女皇，如果再多活几年，“大唐国运就完了”。历史上类似的情形经常重复出现，但是人们永远无法预见这种状况，只能等待它的自行衰亡。

细观武则天一生，至少可以用八副面孔来概括：第一，美貌。“太宗闻士彟女美，召为才人，方十四岁。”第二，卑劣。“武氏巧慧，多权数，初入宫，卑辞屈体以事后（王皇后）”。第三，残忍。“会昭仪（武则天）生女，后（王皇后）怜而弄之，后出，昭仪潜扼杀之。”第四，暴虐。武则天对王皇后、萧淑妃，先“杖二百，剔其手足，反接投酿瓮中，曰：‘令二妪骨醉！’数日死，殊其尸（尸体砍成几截）”。第五，嗜权。“每次临朝听政，在殿中垂帘，皇帝（李治）与皇后（武则天）并排而坐，生杀赏罚都要听命于皇后。”第六，宣淫。“太后（武则天）又挑选许多美貌少年充任奉宸内供奉。”第七，杀戮。“残忍地毒害，大肆杀戮，以威胁天下。”第八，慈悲。“太后传位于太子。”武则天在濒死之前，终于大发慈悲，将皇位还给儿子李显。

虽然上述归纳并不全面，但是至少揭示了武则天的主要性格特征。更多的研究和发现，还是留给读者去做深度发掘和考证，笔者在此只是抛砖引玉。

在成书过程中和出版之际，我要感谢南京出版社社长卢海鸣博士对书稿的精心指点，感谢黄发长的大力帮助。同时还要感谢杨玲、管日辉、高安宁、石磊等亲友和同事的大力支持和帮助。

鉴于笔者水平有限，错误之处在所难免，敬请读者批评指正。

赵望晓

2013 年 9 月